AF464155

ANGEL DE MIRANDA

L'ŒUVRE

DE LA

RÉVOLUTION ESPAGNOLE

GOUVERNEMENT PROVISOIRE

ET

CORTES CONSTITUANTES

« Acta non verba... »

PARIS
IMPRIMERIE DE GEORGES KUGELMANN
13, Rue du Helder, 13.

1869

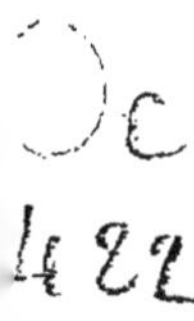

L'ŒUVRE

DE LA

RÉVOLUTION ESPAGNOLE

La Révolution de septembre vient de fermer sa période constituante.

Elle était appelée à délivrer l'Espagne du règne de l'arbitraire et à lui donner la liberté, j'entends la liberté réelle, non pas un vain fantôme.

L'heure est venue d'examiner cette œuvre, de voir si la Révolution a tenu ses promesses, si elle a répondu à ses antécédents, si les réformes, enfin, qu'elle a introduites dans l'ordre politique et administratif, justifient le bouleversement qu'elle a amené.

C'est l'heure encore de juger les hommes qui ont accompli cette œuvre de transformation, les initiateurs du mouvement, ceux à qui est revenue de droit la mission d'être les chefs exécutifs de la Révolution pendant la période provisoire.

Il s'agit aujourd'hui de passer en revue les hommes et les choses, afin de décider si les choses se sont produites comme elles devaient le faire, si les hommes ont bien mérité de la patrie et de l'humanité.

C'est ce que nous tenterons dans cette brochure, impartialement, guidés par la seule justice.

I

NÉCESSITÉ DE LA RÉVOLUTION. — ANCIEN RÉGIME.

La Révolution espagnole n'est plus à justifier: le monde l'a jugée. L'opinion publique l'a proclamée juste et inévitable ; la presse universelle a applaudi à son accomplissement; tous les gouvernements se sont inclinés devant elle en reconnaissant officiellement le nouvel ordre de choses qu'elle avait établi. Bien plus : on a mis, à lui rendre la justice qu'elle méritait, un empressement dont l'histoire offre peu d'exemples.

Sur cette question, il n'y a guère à revenir. Tout ce qu'on peut faire, c'est d'établir en quoi consistait l'indignité du gouvernement déchu, pourquoi le peuple espagnol, patient et magnanime, en était venu à abhorrer la dynastie des Bourbons, comment enfin l'insurrection, cette *ultima ratio* des peuples opprimés, s'est trouvée un jour fatalement nécessaire.

Nous ne pourrions mieux faire pour cela que reproduire la note officielle où M. de Lorenzana, ministre des affaires étrangères de la Révolution, rendait compte à l'Europe de la déchéance d'Isabelle II et de l'avènement de la souveraineté nationale :

Le gouvernement provisoire étant constitué et fonctionnant, les individus qui, au nom de la souveraineté nationale, le composent, pensent que le moment est venu d'adresser la parole aux puissances étrangères, et de commenter les explications contenues dans les documents publiés et signés à Cadix par les fauteurs du mouvement, touchant les causes, le caractère et les aspirations de la révolution que le pays vient de mener à bonne fin.

Dans la masse confuse des événements, dans le choc des intérêts contraires, la vérité est généralement méconnue, les faits sont dénaturés, l'on se forme des jugements erronés qu'il importe de rectifier, afin que l'opinion ne s'égare point et que son verdict soit basé sur l'étude grave, approfondie, de toutes les pièces du procès. La chute d'un monarque et la déchéance perpétuelle de sa descendance, consommées par l'élan d'une révolution qui écrit en même temps sur son drapeau la déclaration des principes les plus avancés du libéralisme moderne, ce sont là des phénomènes qu'il convient d'examiner sérieusement, comme de grandes leçons profitables aux rois et aux peuples.

L'Espagne, sous le règne de ses deux derniers monarques, offre le triste spectacle d'un peuple fidèle et généreux prodiguant son or et son sang, et de rois qui paient d'une noire ingratitude les sacrifices les plus héroïques; d'un peuple qui, sans renier ses vieilles gloires, veut marcher en avant, et de souverains qui, avec une inébranlable ténacité, s'obstinent à le maintenir sous le joug honteux d'un régime caduc; d'un peuple enfin qui, tout en se voyant sans cesse contrarié dans ses désirs, déçu dans ses espérances les plus légitimes, joué par des promesses solennelles qu'on ne tient pas, attend néanmoins, pour prendre une résolution suprême que l'on ait comblé la mesure de ses c lamités, et de souverains, qui se plaisent, pendant plus d'un demi-siècle, à user la patience de leurs sujets, manquant à leurs engagements, rompant leurs pactes et violant leurs serments.

Si l'Espagne n'a pu voir encore s'acclimater chez elle des institutions dont la possession calme et paisible est un sujet d'orgueil pour d'autres peuples, la faute en est à ceux qui, placés au degré le plus haut de l'échelle sociale, ont rendu impossible, à force de langueurs cauteleuses, le développement naturel des principes libéraux.

Examinez avec impartialité l'histoire du dernier règne, et vous verrez que, sur le fond obscur de ses contradictions, de ses apparentes velléités, s'agite, infatigable, la pensée d'empêcher que la civilisation moderne prenne racine sur notre sol et y fructifie. L'unité de ce plan est tel, si inflexible est le principe qui lui sert de base, que son action s'étend jusqu'aux plus délicates manifestations de la vie intime.

Désorganiser les partis ; user leurs soutiens les plus fermes ; opposer un gouvernement occulte au gouvernement visible ; neutraliser à l'aide de combinaisons ténébreuses l'efficacité des mesures les plus salutaires si elles révélaient la moindre tendance libérale ; céder à la force supérieure des événements, sous la réserve de regagner à la sourdine, à un moment donné, le terrain perdu ; déconcerter et lasser les âmes droites pour recruter des complices dans les résidus que toutes les agglomérations politiques avaient successivement rejetés par intérêt et par dignité ; exploiter puis se laisser exploiter à son tour d'une manière calculée par les souples agents de la spéculation religieuse ; pousser jusqu'au délire, comme l'a démontrée l'expérience des deux dernières années, la passion de l'arbitraire, jusqu'à méconnaître toute règle de modération et de prudence ; provoquer opiniâtrement l'incendie d'une guerre civile, afin d'éclairer ainsi la triste fin de sa domination, comme il en avait éclairé le début par de sinistres splendeurs ; — telle a été la ligne de conduite constamment suivie par le gouvernement des dernières années. C'est à de telles entreprises que l'état de choses récemment renversé par le souffle populaire avait consacré systématiquement et sans scrupule, pendant un quart de siècle, les immenses ressources attachées à la possession de la souveraineté.

La plus haute personnification du pouvoir public était de plus entourée d'influences de nature différente, les unes destinées à maintenir vivant l'esprit rétrograde, et les autres chargées de missions complétement étrangères à la politique et sur lesquelles de hautes considérations de respect imposent un silence significatif. Ce silence sera compris et applaudi assurément par tous ceux qui ne prétendent pas confondre dans une responsabilité commune, et dans la sévérité d'un même verdict, des institutions d'une grande importance dans l'histoire et auxquelles l'avenir réserve de hautes destinées et une représentation lamentable, quoique transitoire, de ces institutions qui, régénérées aujourd'hui dans l'esprit moderne, continuent d'être toujours la forme acceptée ou choisie par toutes les révolutions du continent européen.

Le pays voyait en outre l'énorme différence qui se faisait entre la fortune publique passant par une série de dépressions non interrompues, et certaines fortunes privées, dont l'élévation prodigieuse et rapide marchait de pair avec l'exercice de fonctions publiques, et cela était d'autant plus douloureux que ce triste phénomène ne se présentait pas isolé et contenu dans des limites étroites, mais, par une sorte de profonde répercussion morale, il acquérait une ubiquité qui le rendait doublement désastreux.

Et cela ne tenait pas à ce que le parti qui, en Espagne, représente l'attachement systématique et aveugle à la tradition des anciens temps, manquât d'hommes capables d'associer le culte de la morale à la plus sévère application de leurs principes. Non, cela tenait à ce que, entre ces hommes et le pouvoir, le sentiment de la dignité personnelle avait creusé un abîme insondable et créé des antagonismes irréconciliables.

En conséquence, il y avait longtemps que le trône devait être considéré comme abandonné et la monarchie comme privée de sa manifestation sensible. La personne que le grand parti libéral d'Espagne, sans distinction de nuances, avait choisie comme le symbole et l'emblème de ses aspirations avait cessé d'être une force vive dans l'organisme politique de la nation dès l'instant où, infidèle à ses serments sacrés, elle avait rompu le pacte qui, écrit et scellé avec le sang le plus généreux et le plus pur, était le titre vraiment incontestable de son pouvoir suprême.

Une obstination étonnante, aussi invincible que désordonnée, à suivre le chemin qui menait directement au précipice, dépouilla successivement cette personne des attributions les plus essentielles et les plus précieuses de la souveraineté ; elle avait déposé la *majesté* et avec elle le droit à la vénération que la Société doit au dépositaire de l'autorité suprême ; elle avait cessé également d'être *auguste*, et ainsi la prérogative de l'irresponsabilité perdant sa signification constitutionnelle dans le sens réel du mot n'était plus qu'une pure fiction, une formule vaine. C'est ainsi seulement que s'expliquent la rapidité de la catastrophe et le vif sentiment de satisfaction et de glaciale indifférence avec laquelle elle a été universellement accueillie.

Le peuple espagnol, instruit par d'amers enseignements, et pleinement convaincu que sur des repentirs forcés et des amendements simulés il n'était pas possible d'ériger solidement l'édifice de la prospérité et de la liberté nationale, fit un effort suprême pour se débarrasser de l'élément constamment perturbateur qu'il portait en son sein, et, comme l'Europe l'a vu, le succès a répondu à la générosité de la résolution prise et à la noblesse des moyens employés.

On a vu disparaître le fantôme de la *demi-légitimité*, principe auquel, depuis la mort de l'avant dernier monarque, obéissaient constamment diverses formes de nos combinaisons politiques, et le peuple espagnol, en rompant avec la tradition à cet égard, a retiré définitivement ses pouvoirs des mains où il les avait remis pour son malheur. Il s'est érigé en arbitre de son sort et de ses destinées, et il se dispose, avec un courage viril et de tout son cœur, à affronter l'immense responsabilité inhérente à la possession d'une liberté qui, aujourd'hui, n'a pas d'autres limites que celles tracées par le bon sens et la conscience.

L'usage qu'il a fait jusqu'ici de l'autonomie reconquise, la magnanimité fière et dédaigneuse avec laquelle il a su pardonner de sanglantes offenses, et son adhésion réfléchie aux autorités issues de la fermentation révolutionnaire, sont une garantie indestructible que sa future conduite continuera de démentir les malveillants pronostics de la colère et du dépit, et elle doit inspirer la confiance la plus entière dans la sagesse et la régularité avec lesquelles il saura élever et conserver le nouvel édifice, lui qui avec tant d'ordre a procédé à la démolition et à la destruction de l'ancien.

Le peuple espagnol, aujourd'hui maître de lui-même, veut, ainsi que l'ont manifesté ensemble et simultanément toutes les juntes populaires, regagner le temps que lui ont fait perdre malheureusement les intérêts bâtards de la superstition et de la politique conjurées pour sa perte. Il veut parcourir d'un pas accéléré et ferme la voie de la civilisation moderne, libre aujourd'hui des perfides entraves qui ont jusqu'ici paralysé sa marche et l'ont fatigué avec une ténacité déloyale.

Ceux qui s'imaginaient dans l'ivresse de leur folie superbe qu'en fermant ses poumons au souffle de l'esprit ils le condamnaient au barbare supplice de l'asphyxie, doivent aujourd'hui être cruellement détrompés. L'idée s'est repliée sur elle-même; elle a accumulé ses forces, et quand le moment a été venu, elle a fait voir que le travail intime et concentré de l'esprit redouble son énergie, et rend l'explosion plus formidable.

Aussi le peuple qui, pendant de longues années, avait assisté avec une indignation réprimée péniblement au spectacle offert par le patrimoine exigu des libertés publiques, en secouant, comme il le fait aujourd'hui fièrement son joug, s'affranchit des derniers liens de l'ancien régime, et d'un seul bond se place dans le domaine du droit moderne. Ce qui, avec une marche lente et régulière, se serait réalisé graduellement et par des transitions insensibles, la révolution l'a fait au moyen d'une solution profonde de continuité dans le *contexte* de notre histoire contemporaine.

La souveraineté de la communauté, de la société, de la nation, du peuple, source en tous temps sous entendue ou déclarée de l'autorité politique, acquiert de plus en plus lettres de naturalisation sur le sol de l'Espagne, et le suffrage universel, expression la plus naturelle et la plus large de cette souveraineté, est appelé à démontrer d'une manière incontestable que l'Espagne n'a pas besoin de se réconcilier avec l'esprit de l'époque, par la simple raison que cet esprit est déjà le principe de sa vie et le type idéal de ses aspirations.

D'avance donc, et sans crainte d'errer, on peut assurer que la souveraineté de la nation, exercée d'abord par le vote de tous et ensuite par les élus du peuple, décrétera l'ensemble de libertés qui forment ou formeront bientôt le riche et inaliénable patrimoine des pays civilisés.

Et ici le gouvernement provisoire doit toucher avec la circonspection et la délicatesse qu'exige la matière une question d'importance majeure, la question de la liberté religieuse. Nul n'ignore, et le gouvernement éprouve une véritable satisfaction à le proclamer, que l'Espagne a été et qu'elle est une nation essentiellement et éminemment catholique.

Son histoire nous l'apprend. Les sanglantes et longues guerres qu'elle a soutenues, et le tribunal de l'inquisition du saint office au bras puissant et terrible duquel elle confia durant quelques siècles le dépôt sacré de ses croyances enracinées, démontrent clairement que le zèle exagéré et l'ardeur de la foi qui ne raisonne pas marquent sans difficulté les limites qui séparent la véritable religion du fanatisme.

Les constitutions de l'Espagne moderne, même les plus libérales, ont rendu toutes scrupuleusement l'hommage de leur respect à cette vive et constante préoccupation de notre patrie, et si quelquefois, comme en 1836, on a tenté de risquer timidement un pas dans la direction contraire, l'effet causé dans les cœurs simples par le cri que, avec une sincérité plus que douteuse, ont proféré certains partis, a prouvé que l'opinion n'était pas encore mûre et qu'il était indispensable d'attendre une plus propice occasion pour réformer l'état légal des choses dans une question aussi grave.

Heureusement depuis lors les idées ont subi une modification profonde, et ce qui, il y a peu de temps, était considéré comme une éventualité flatteuse, mais seulement réalisable dans un long délai, aujourd'hui devient comme un fait immédiat, sans que les croyants s'alarment et sans qu'une seule voix discordante vienne troubler le concert général.

Cet important résultat, à vrai dire, a été dû pour beaucoup au spectacle grandiose des insignes triomphes obtenus partout par l'esprit moderne dont l'écrasante puissance renversa les digues les plus fortes et devant qui tombe toute résistance. Mais en ce qui touche l'Espagne il existe en outre une circonstance qu'il est triste, mais nécessaire de relater. Nous ignorons si ça été grâce à l'adhésion ou à la tolérance de ceux qui eussent pu l'éviter, toujours est-il certain que le nom de la religion a été depuis quelque temps constamment lié dans une étrange et peu digne combinaison aux actes les plus arbitraires dont était si prodigue le régime tombé.

Dans la croyance erronée qu'un manteau sacré pourrait servir à cacher la nudité inconvenante de certaines choses profanes, on a fait intervenir dans les ardentes luttes de la politique ce qui ne doit jamais être exposé au contact périlleux et souvent impur des passions mondaines.

De là, non pas la tiédeur du sentiment catholique qui, heureusement, subsiste toujours vif parmi nous, mais bien l'opinion universellement accréditée que la concurrence dans la sphère religieuse, suscitée par une prudente liberté, est nécessaire pour donner à l'activité éclairée du clergé un aliment digne d'elle et lui fournir des thèmes pour la discussion en harmonie avec la hauteur de sa science solide et de son caractère respectable et sacré.

Les juntes populaires ont aussi manifesté, à ce sujet, leurs opinions et leurs vœux, et abstraction faite de la variété de formules que, dans le tourbillon des événements, il n'est pas possible d'improviser correctement, la pensée mère est la même chez toutes.

Nous ne devons pas demeurer distancés ni isolés dans le mouvement religieux du monde. En conséquence, sera levée l'interdiction et disparaîtront de nos codes, comme déjà elles ont disparu de nos mœurs, des dispositions inutiles et d'illusoires sanctions. Les différences dogmatiques n'amèneront pas, comme elles l'ont fait jusqu'ici, des incompatibilités et des exclusions que repousse et condamne à la fois la conscience des peuples libres.

Telles sont, exposées en peu de paroles et avec une franchise loyale, les causes déterminantes du soulèvement radical et glorieux de l'Espagne ; tel est le but vers lequel se dirigeront constamment ses efforts.

Loin que cette transformation, accomplie dans notre politique intérieure, doive exciter des alarmes ou des méfiances dans les Etats avec lesquels nous avons vécu en paix jusqu'à ce jour, unis par les liens d'une amitié non interrompue et d'une paix inaltérable, le gouvernement provisoire se flatte que notre nouvelle vie donnera à nos relations avec les puissances étrangères un caractère de cordialité et de solidité qu'elles n'ont pas pu avoir malheureusement dans le passé.

Bien que l'aveu en soit fort douloureux, le respect de la vérité nous oblige à reconnaître que le régime sous lequel nous avons gémi et que nous avons supporté avec résignation pendant de longues années n'était pas fait pour nous élever dans l'estime et la confiance des autres nations.

Quand des mobiles et des passions d'un caractère purement personnel, et que nous ne voulons pas qualifier, servent de règle au gouvernement d'un État, quand la politique n'obéit ni à des lois, ni à des principes qu'on puisse proclamer sans blesser profondément la dignité des sentiments élevés, il est naturel que de la part des étrangers une froide réserve, très voisine du dédain, vienne achever l'isolement du peuple qu'une destinée funeste a placé dans ces conditions.

La révolution est venue nous racheter d'une situation si humiliante; désormais la politique espagnole peut révéler avec orgueil à la face du monde quels sont ses plans et le terme final de ses aspirations Le règne de l'instabilité et des sinistres mystères est terminé pour faire place à une ère nouvelle dans laquelle l'Espagne saura conquérir le rang d'honneur auquel l'appellent les éléments des puissances qu'elle compte dans son sein, de même que l'héroïsme jamais démenti de ses enfants.

Nous désirons cependant le concours moral des gouvernements européens, et nous verrons avec plaisir, dans leur reconnaissance du nouvel ordre de choses, le témoignage qu'ils ont compris le noble caractère et les salutaires tendances de la révolution qui vient de se faire; mais si, pour des raisons qui nous échappent, ce concours venait tout d'abord à nous manquer, si l'on tardait à imiter le noble exemple de quelques-uns des anciens membres de notre famille d'outre-mer et de ce peuple si remarquable par le culte ardent qu'il rend partout au principe de l'émancipation et de la liberté de l'homme, plus encore que par sa grandeur et sa puissance; s'il en était ainsi, disons-nous, ce ne serait pas toutefois un motif de nous décourager dans notre entreprise.

Pour la poursuivre avec ardeur et sans agitation ni inquiétude, c'est assez pour nous d'avoir la pleine et tranquille conviction que notre indépendance n'a pas le moindre détriment à souffrir, et que l'œuvre de régénération que nous avons entreprise ne sera troublée ni par des interventions, ni par des ingérences étrangères.

En tout cas, le suffrage universel dont la faveur nous est accordée par toute la grande famille libérale qui peuple le monde et les vœux ardents que forment tous les cœurs généreux pour la consolidation définitive et le couronnement de notre œuvre, seront la sanction la plus efficace, la plus solennelle et la plus positive que puissent recevoir nos efforts.

Après de grandes souffrances supportées avec patience, nous avons eu recours à une ressource dont les nations ont fait usage dans tous les temps et en particulier à l'époque actuelle.

Pour légitimer *à priori* notre révolution, nous avons cherché l'unique tribunal dont on considère aujourd'hui la décision comme infaillible et sans appel, c'est-à-dire le suffrage universel. Le but auquel nous aspirons est de nous mettre au niveau des nations les plus avancées en cessant d'être une dissonnance choquante dans le grand concert des peuples libres. Nous avons donc un droit parfait à ce que l'on respecte d'une manière inviolable la situation que nous avons créée.

Nous avons aussi la juste espérance que les gouvernements qui marchent à la tête de la civilisation européenne ne refuseront pas à l'Espagne relevée dans son honneur les témoignages d'amitié et de confraternité qu'ils accordaient à un pouvoir qui, au lieu de nous dominer, nous abattait et nous humiliait.

Nous ne pouvons rien ajouter à ce remarquable document; il serait difficile d'égaler cette énergie discrète, cette décente modération que les circonstances exigeaient. C'est l'acte d'accusation, rédigé par un écrivain de grand talent, d'un règne qui demanderait à être jugé à huis-clos.

C'est la peinture la plus exacte que l'on puisse faire de l'ancien régime.

II

PROGRAMME DE LA RÉVOLUTION. — NOUVEAU RÉGIME

On vient de voir quel était le régime que le peuple espagnol avait à cœur de remplacer.

Pour répondre aux exigences d'une pareille situation, la Révolution avait tout d'abord à s'imposer cette tâche : publier un programme qui introduisît d'un coup dans les institutions nationales tous les progrès retardés par le gouvernement bourbonien et rendît à jamais impossible le retour du régime tombé.

Cela fut fait; en même temps que s'élevait le premier cri de délivrance, la proclamation suivante était lancée :

ESPAGNOLS !

La ville de Cadix sous les armes, avec toute la province, avec la marine ancrée dans le port et tout le département maritime de la Carraca, déclare solennellement qu'elle refuse obéissance au gouvernement qui réside à Madrid. Sûre qu'elle est l'interprète loyal des citoyens qui n'ont pas perdu tout sentiment de dignité, elle est résolue à ne pas déposer les armes jusqu'à ce que la nation recouvre sa souveraineté, manifeste sa volonté et qu'elle l'exécute.

Se trouvera-t-il un Espagnol assez étranger au malheur de son pays pour nous demander les causes d'un si grave événement ?

Si nous faisions un examen approfondi de nos offenses, il nous serait plus difficile de justifier le calme avec lequel nous les avons souffertes, aux yeux du monde et de l'histoire, que l'extrême résolution par laquelle nous voulons les éviter.

Que chacun se souvienne, et tous prendront les armes.

La loi fondamentale foulée aux pieds; le suffrage corrompu par la menace et la subordination; le droit individuel ne dépendant plus du droit commun, mais de l'irresponsable volonté d'une autorité quelconque; les municipalités dissoutes; l'administration et les finances se gorgeant de l'immoralité et de l'agio; l'instruction publique tyrannisée; la presse muette; et cet universel silence interrompu seulement par les fréquents avis de nouvelles fortunes improvisées, de nouvelles *affaires*, de nouveaux ordres royaux qui frustrent le Trésor public; les titres de Castille follement prodigués : telle est l'Espagne d'aujourd'hui. Espagnols, qui osera s'écrier : *Cela doit toujours durer* !

Non, cela ne sera pas ; c'est assez de scandales!

De ces murs, toujours fidèles à notre liberté et à notre indépendance, laissant de côté tout intérêt de parti et ne nous attachant qu'au bien général, nous vous appelons tous pour que vous participiez à la gloire de le réaliser.

Notre héroïque marine, qui toujours est restée étrangère à nos dissensions intérieures, en lançant la première le cri d'alarme, prouve bien clairement que ce n'est pas un parti qui se plaint, mais que ces clameurs sortent des entrailles même de la patrie.

Nous ne voulons pas seulement changer les camps politiques; notre entreprise est plus grande et plus simple : nous combattons pour l'existence et l'honneur.

Nous voulons une légalité commune, nous voulons que celui qui est chargé d'observer la Constitution, ne soit pas son irréconciliable ennemi.

Nous voulons vivre enfin de la vie de l'honneur et de la liberté.

Nous voulons qu'un *gouvernement provisoire*, qui représente toutes les forces du pays, assure l'ordre, et que le SUFFRAGE UNIVERSEL jette les bases de notre régénération sociale et politique.

Nous comptons, pour réaliser notre inébranlable résolution, sur le concours de tous les libéraux, sur l'appui des classes moyennes, qui ne veulent pas que le fruit de leurs labeurs continue d'enrichir les interminables séries des *agioteurs* et des *favoris*; sur les amis de l'ordre, de la moralité et du droit; sur les ardents partisans des libertés individuelles que nous mettrons sous la protection de la loi; sur l'appui des ministres de l'autel intéressés avant tous à tarir les sources de vices; sur le peuple tout entier et sur l'approbation de l'Europe, car il est impossible que dans le conseil des nations il soit décrété que l'Espagne doit *vivre avilie*.

Nous rejetons les noms que déjà nous donnent nos ennemis: rebelles sont ceux qui, dans quelque position qu'ils se trouvent, violent toutes les lois; et fidèles serviteurs de la patrie ceux qui, malgré tous les obstacles, lui rendent le respect perdu.

Espagnols, accourez tous aux armes! C'est l'unique moyen d'éviter l'effusion du sang.

Soyez, comme toujours, vaillants et généreux. L'unique espérance de nos ennemis réside dans les excès auxquels ils voudraient nous voir entraînés.

Accourez aux armes, non sous l'impulsion de la haine toujours funeste, non avec la colère toujours impuissante, mais bien avec la solennelle assurance avec laquelle la justice s'appuie sur son épée.

Vive l'Espagne!

Cadix, 19 septembre 1868.

DUC DE LA TORRE, JUAN PRIM, DOMINGO DULCE, FRANCISCO SERRANO-BEDOYA, RAMON NOUVILAS, RAFAEL PRIMO DE RIVERA, ANTONIO CABALLERO DE RODAS, JUAN TOPETE.

Les juntes révolutionnaires instituées dans chaque ville du royaume reproduisirent ce document en le paraphrasant, en le complétant, et ainsi furent exprimées dans leur ensemble les aspirations politiques d'une nation qui reprenait l'usage de sa souveraineté.

La junte supérieure de Madrid résuma ces diverses

manifestations de la volonté nationale dans deux proclamations.

Nous les reproduisons littéralement, parce qu'elles renferment tout l'esprit de la Révolution :

La première fut publiée dans la *Gazette officielle* de Madrid du 30 septembre 1868.

En voici le texte :

« La junte révolutionnaire de Madrid, s'associant à l'unanimité aux « vœux universellement exprimés par le peuple espagnol, proclame :

« La souveraineté nationale ;

« La déchéance de Dona Isabelle de Bourbon du trône d'Espagne;

« L'incapacité de tous les Bourbons de régner en Espagne. »

Voici la seconde proclamation publiée dans la *Gazette* du 10 octobre 1868, par la « junte supérieure révolutionnaire, » pouvoir suprême issu du suffrage universel :

« La junte supérieure révolutionnaire, fidèle à sa mission, fait la « déclaration des droits suivants :

« Suffrage universel;

« Liberté des cultes;

« Liberté d'enseignement;

« Liberté de réunion et d'association pacifiques ;

« Liberté de la presse sans législation spéciale ;

« Décentralisation administrative qui rende leur autonomie au mu- « nicipe et à la province ;

« Jugement par le jury en matière criminelle;

« Unité de juridiction dans toutes les branches de l'administration « de la justice;

« Inamovibilité judiciaire ;

« Sécurité individuelle;

« Inviolabilité du domicile et de la correspondance;

« Abolition de la peine de mort. »

Voilà donc le programme de la révolution bien établi par ces trois documents : l'histoire les enregistrera, en témoignage des sentiments libéraux de l'Espagne, de cette Espagne que l'on croyait endormie, fanatisée, étrangère au progrès.

Il n'y a dans ce programme rien à ajouter, rien à retrancher ; il est clair, il est précis, il est bref ; de plus, il est complet et renferme toutes les libertés publiques qu'un peuple peut réclamer.

Si les actes du gouvernement provisoire se rapportent à un tel programme, s'il se trouve ensuite réalisé par la Constitution que voteront les Cortès, nous pourrons dire que l'œuvre entière de la Révolution espagnole a été bonne, patriotique, digne d'un siècle de liberté.

Et comme la fraternité des peuples se trouve être moins que jamais un vain mot, qu'il existe entre les nations une sorte de solidarité latente, affinité qui tend à la fusion des institutions européennes : comme cette tendance, d'autre part, s'exerce fatalement dans le sens de la liberté, dont rien n'égale, à cette époque la force d'expansion, — il en résulte que l'Espagne qui, dans son affranchissement, doit quelque chose à l'influence étrangère, aura acquitté largement sa dette par le fait même qu'elle aura établi chez elle des institutions libérales. Bien plus, l'Espagne, en détruisant le régime ancien et en introduisant chez elle le droit nouveau, s'est créé un titre à la reconnaissance de l'Europe et du monde.

GOUVERNEMENT PROVISOIRE

PRÉSIDENCE

Voici une des plus grandes figures du gouvernement provisoire, et l'un des plus puissants promoteurs de la Révolution, le maréchal Serrano.

Il a représenté, au sein de ce pouvoir de transition, comme dans le mémorable soulèvement de septembre, un parti considérable, renfermant pour ainsi dire toutes les forces vives de la bourgeoisie espagnole et de l'aristocratie illustrée — la seule noblesse avec laquelle il vaille la peine de compter en Espagne.

Il représentait quelque chose de plus : il était le trait d'union entre l'ancien et le nouveau régime, à la fois conservation et progrès, réunissant dans sa haute personnalité le maintien de la tradition et la satisfaction des droits du peuple.

Le président de la Révolution faite gouvernement a été à la hauteur de sa mission. Du jour où il occupa ce poste éminent auquel l'avait porté l'effort révolutionnaire et où le maintint la volonté du peuple, le maréchal Serrano cessa d'être l'homme d'un parti : il fut, et il est resté l'homme de la nation.

Sa gloire est là, comme son titre le plus éclatant à la reconnaissance et au respect des Espagnols.

D'une modestie extrême, modéré dans son triomphe jusqu'à s'effacer complétement devant la volonté nationale, sans mettre jamais en avant ni son rang, ni son influence, ni ses titres à la reconnaissance publique ; conciliant, sans faiblesse, jouissant à un degré exceptionnel, grâce à ces rares qualités, du don de captiver les esprits les plus hostiles, le maréchal Serrano a rendu un service inappréciable à la cause nationale, par son dévouement dans cette crise décisive.

Pour montrer jusqu'à quel point ce citoyen illustre s'est identifié avec les aspirations fécondes et régénératrices du mouvement démocratique, il nous suffira de reproduire le manifeste qu'il adressa à la nation en prenant les rênes d'un pouvoir alors sans contrôle. Voici cette pièce :

« Le mouvement révolutionnaire commencé à Cadix s'est accompli par la force, contre un pouvoir qui avait relâché lentement, jusqu'à les dénouer, tous les liens de l'obéissance et du respect, si bien qu'il avait rendu possible sa déchéance dans le délai de quelques jours. Maintenant, la mission des juntes est terminée et l'on a institué les autorités régulières. Il est opportun et nécessaire que le gouvernement provisoire, constitué à la suite d'événements qui ont foncièrement transformé l'état politique de l'Espagne, recueille et concentre les diverses manifestations de l'opinion publique, librement émises pendant la solennelle période constituante qu'a traversée la révolution. Le moment de la plainte et celui de la colère, ces deux expansions naturelles d'un peuple longtemps opprimé, est passé ; il est juste et nécessaire que la nation, rentrant en elle-même et prêtant son attention à l'appel du gouvernement provisoire, s'arrête pour réfléchir, avec tout le calme de sa raison et de sa force, sur les véritables aspirations et sur les besoins positifs qu'elle ressent et qu'elle est appelée à satisfaire dans un bref délai. Elle ne serait pas digne de la liberté à si haut prix acquise, si dans une circonstance si grave et quand elle a entre ses mains, sans autre règle que celle de sa prudence, sa sentence politique, sociale et religieuse, elle agissait avec l'enthousiasme irréfléchi du triomphe.

« Le gouvernement provisoire ne craint pas que l'Espagne offre le regrettable spectacle d'un peuple ardent à revendiquer ses droits et inhabile à les exercer sagement, comme il convient à la majesté de son histoire. La nation qui, plus d'une fois, s'est trouvée tout à coup maîtresse d'elle-même, par suite de l'abandon de souverains débiles et obstinés, et qui a su, par un effort de sa volonté, conserver sa dignité, sauver son indépendance, s'organiser et se reconstituer au milieu de la confusion de catastrophes successives, cette nation ne peut marcher d'un pas chancelant sur le chemin de sa régénération aujourd'hui qu'elle est entrée en pleine jouissance de sa souveraineté.

« Mais pour qu'elle puisse arriver plus sûrement à la réalisation de ses désirs, le gouvernement croit de son devoir d'exposer et de préciser les exigences qui se sont manifestées universellement, à travers les formes multiples et les divers incidents de la révolution nationale.

« Pour la promulgation de ses principes générateurs, la révolution a posé tout d'abord un fait qui servira de base et d'appui à toutes ses libertés ; ce fait, c'est la déchéance et l'expulsion d'une dynastie qui, radicalement opposée à l'esprit du siècle, était un obstacle à tout progrès.

« Le gouvernement provisoire, par respect pour lui-même, croit devoir étendre sur elle la commisération de son silence. Mais il doit aussi consigner le fait, le reconnaître comme une émanation louable de la souveraineté nationale, et l'accepter comme point de départ du nouvel ordre de choses inauguré par la révolution.

« Il est inutile également que le gouvernement s'efforce de prouver les avantages de ce bouleversement radical, suffisamment justifié, d'ailleurs, par les applaudissements universels qui l'ont salué, et par la dure alternative où se trouvait le pays, forcé d'opter entre le déshonneur et l'appel aux armes. Un effort suprême pouvait seul le sauver et lui rendre l'estime du monde civilisé, qui appelait avilissement la longanimité du peuple espagnol. Cet effort se fit. Quelques jours de lutte, et il ne resta d'un joug si dur que le souvenir.

« Une fois l'obstacle écarté, la révolution à établi le suffrage universel, comme la démonstration la plus évidente de la souveraineté populaire. De cette façon, tous les nouveaux pouvoirs se justifieront, par le concours effectif et complet, — non factice et borné, comme autrefois, — de l'opinion générale. Le gouvernement provisoire va résumer dans un seul corps de doctrine toutes les manifestations de l'esprit public.

« La plus importante est celle qui concerne la liberté religieuse, à cause du changement qu'elle introduit dans l'organisation séculaire de l'Espagne.

« Le temps, qui modifie tout, a changé profondément les conditions de notre existence, et sous peine de se contredire et d'interrompre l'enchaînement logique des idées modernes où elle a cherché son salut, la nation espagnole doit admettre un principe qu'il serait inutile de vouloir combattre. Du reste, notre foi enracinée ne souffrira pas d'atteinte parce que nous autoriserons le libre exercice d'autres cultes en face du culte catholique : bien au contraire, celui-ci se fortifiera dans la lutte, et, grâce à un nouveau stimulant, repoussera les invasions tenaces de l'indifférence religieuse.

« La liberté de religion est en outre un besoin de notre état politique et une protestation contre l'esprit théocratique qui, à l'ombre du pouvoir déchu, s'était introduit avec une persistance opiniâtre dans l'essence même de nos institutions.

« La liberté d'enseignement est une autre des réformes capitales que la révolution à réclamées et que le gouvernement provisoire s'est empressé d'accomplir.

« Une réaction terrible s'est produite, ces dernières années, contre les manifestations de l'intelligence humaine ; c'était une inquisition ténébreuse exercée sans relâche, étendant son influence funeste, au mépris de tout droit, jusque dans le sanctuaire du foyer et de la conscience.

L'idée libérale, se trouvait condamnée ainsi à une servitude perpétuelle, par des gouvernements convertis en humbles auxiliaires de pouvoirs obscurs et irresponsables ; des intérêts étroits de secte et de parti avaient réduit l'instruction publique, en Espagne, à un état de décomposition effrayant. Le gouvernement a essayé tout d'abord de porter remède à cette situation déplorable ; il a cherché, et il a trouvé le moyen de résoudre la question de l'enseignement de façon que l'instruction vienne d'elle-même au peuple, et que le peuple n'ait pas besoin de la chercher.

« Comme conséquence naturelle de la liberté religieuse et de la liberté d'enseignement, la révolution a proclamé la liberté de la presse, sans laquelle toutes ses conquêtes resteraient vaines et illusoires. La presse est la voix de l'intelligence. L'asservir, c'est vouloir mutiler la pensée, c'est arracher la langue à la raison humaine. Le génie espagnol, rapetissé et comprimé dans les étroites limites d'une tolérance mesquine, avait perdu peu à peu sa vigueur, son originalité, sa vie en un mot. Espérons que, ses chaînes brisées, il sortira, comme Lazare du tombeau, régénéré et triomphant du sein de la liberté.

« Les droits de réunion et d'association pacifique, sources vives d'activité et de progrès, ont été aussi reconnus comme dogmes fondamentaux par la révolution. Dans ces luttes d'opinions contraires, d'intérêts opposés et d'aspirations diverses qui tâchent de se faire une issue au moyen de la publicité et de la propagande, les nations apprennent à se diriger elles-mêmes, à soutenir leurs droits et à se créer des forces sans commotions sociales. Ainsi l'Espagne pourra avancer d'un pas ferme, d'autant plus qu'elle ne sera plus arrêtée par la centralisation administrative, un instrument que la tyrannie a toujours employé, afin de l'énerver. L'individu, le municipe, la province la nation, pourront se développer, chacun dans sa sphère avec indépendance, sans qu'une intervention soupçonneuse de l'Etat diminue leur force d'activité et n'en vienne troubler les manifestations.

« Ainsi armée de toutes ses libertés publiques, la nation ne pourra plus se plaindre de l'insupportable pression de l'Etat. Emancipée de la tutelle officielle, elle a devant soi un large chemin à parcourir, des germes féconds à développer, enfin, de grands et de nombreux éléments sur lesquels son activité pourra s'exercer.

·La liberté impose le mouvement comme un devoir et la responsabilité comme un frein. A partir d'aujourd'hui, le peuple espagnol est responsable, parce qu'il est libre. C'est à lui de rattraper le temps perdu dans l'oisiveté de la servitude, et cela par le travail accompagné de constance et d'énergie. C'est à lui de reprendre la place qui lui appartient par ses traditions historiques dans le congrès des nations, à l'aide des moyens d'action qu'il vient de reconquérir.

« Des réformes économiques radicales, introduites sans blesser les intérêts engagés, briseront les obstacles qui gênent la production et couronneront l'édifice de la régénération péninsulaire.

« Un système d'économies dans le budget, parfaitement combiné et étudié, contribuera à relever notre crédit si abattu dans ces dernières années de marasme. Le gouvernement provisoire est résolu à ne point reculer ni dévier d'une ligne dans ses projets de réforme, à être l'interprète fidèle, en ceci comme en tout autre chose, de la volonté nationale.

« Les provinces d'outre-mer jouiront aussi des avantages et des bénéfices de la révolution. Ces provinces font partie de la grande famille espagnole, et elles ont droit d'intervenir dans les graves questions politiques, administratives et sociales qui sont pendantes en ce momemt.

. . . .

« Le gouvernement provisoire respectera les décisions du peuple espagnol au sujet de la forme de gouvernement, quel qu'elle soit, qu'il s'agira d'établir. »

. . . .

Ce remarquable document où la volonté populaire est si fidèlement interprétée se termine par cette promesse qui, comme toutes celles contenues dans ce programme, a été religieusement tenue :

« Le gouvernement provisoire rendra compte de l'usage qu'il aura fait des pouvoirs extraordinaires dont il est investi, aux Cortès constituantes. J'attend leur jugement avec la tranquillité qu'inspire aux honnêtes gens le sentiment du devoir accompli. »

Le maréchal Serrano avait cette grande tâche à remplir : veiller à ce que tous les actes du gouvernement provisoire fussent d'accord avec cette profession de foi. La présidence du Conseil était instituée dans ce but unique; elle n'avait point à expédier d'affaires administratives spéciales.

Le duc de la Torre, fidèle à ce devoir, fit preuve d'un grand tact et d'un dévouement inaltérables. Quand il arriva au pouvoir, à la tête de la Révolution, le peuple espagnol malgré toute sa sympathie pour l'homme qui unissait à un si haut degré la simplicité et la grandeur, se tenait à son égard dans une certaine réserve : on craignait de retrouver en lui le général unioniste. Mais bientôt on put se convaincre que cette grande personnalité s'était modifiée avec les événements; cet esprit, détaché de toute idée mesquine, était fondu avec l'esprit de la patrie; l'amour de la liberté le dominait exclusivement; il planait au-dessus de toutes les discordes des partis.

Jamais, au Conseil ou à la Chambre, la voix du maréchal ne s'est fait entendre que pour prêcher la concorde et l'union, l'oubli du passé, la recherche du progrès.

Comme chef du gouvernement provisoire, c'est à lui que revient l'honneur insigne d'avoir aboli, de fait, la peine de mort.

La Révolution espagnole a été, sous certains rapports, une révolution modèle; l'histoire nous en montre fort peu d'aussi modérées.

Mais tout bouleversement amène des excès, et une révolution, aussi doucement qu'elle s'accomplisse, doit payer à la passion humaine son tribut de sang.

L'insurrection ensanglanta les rues de Cadix, de Xérès et de Malaga; les cléricaux fanatiques assassinèrent le gouverneur de Burgos en pleine cathédrale et commirent d'autres infâmes attentats.

Dans ces circonstances, le gouvernement présidé par le

maréchal Serrano montra jusqu'à quel point il était fort et magnanime : il glorifia le régime de liberté qu'il représentait, en faisant voir combien cette liberté, seule puissante et seule durable, s'accorde avec la générosité et la clémence. Il épargna la vie des coupables, qu'un gouvernement réactionnaire, quel qu'il fût, n'aurait point manqué d'envoyer à l'échafaud.

Dans ces six mois de transition, l'Espagne apprit à connaître l'homme que le mouvement révolutionnaire avait mis à la tête du Conseil ; elle vit combien cet homme était honnête, généreux, humain, et quand les Cortes souveraines le proclamèrent plus tard chef de l'Etat, sous le titre de Régent, un cri unanime d'approbation salua, de Cadix à Irun, cet acte de la souveraineté nationale.

AFFAIRES ÉTRANGÈRES

Publiciste distingué, unissant à une grande profondeur d'idées une vaste érudition et une élégante pureté de style, M. Juan Alvarez de Lorenzana a qui le gouvernement provisoire confia le portefeuille des affaires étrangères, se distingue encore par une extrême modération et une connaissance parfaite du droit international et des traditions diplomatiques. Le commerce intime, assidu, des grands écrivains, lui a donné une modestie peut-être exagérée.

M. de Lorenzana a quarante ans; il a su montrer, à cet âge, toute la maturité d'un homme d'Etat.

Avec lui est arrivée aux affaires cette brillante jeunesse de 1854, honneur de l'Espagne. Il appartient à la génération qui a produit les Castelar, les Martos, les Zorrilla, les Sagasta, les Échegaray, les Moret et tant d'autres hommes d'un mérite supérieur qui, dans l'ordre moral, ont tant contribué à l'œuvre de régénération.

Toutes les notes publiées par le ministre révolutionnaire sont empreintes d'énergie, de dignité, en même temps de grande mesure et d'extrême modération. Pas une qui n'ait porté, et l'impression qu'elles ont produite dans les chancelleries étrangères a toujours été des plus favorables et des plus flatteuses pour leur auteur.

A peine investi de ses fonctions, M. de Lorenzana eut pour premier soin de renouer les relations de la Péninsule avec les puissances étrangères.

Le gouvernement étant déchu, en vertu de la volonté nationale, celles-ci n'avaient plus, par ce seul fait, de représentants à Madrid. Le ministre, suivant l'exemple d'autres pouvoirs révolutionnaires dans des circonstances analogues, adressa une circulaire aux chefs de mission accrédités auprès d'Isabelle II, circulaire où il leur reconnaissait, au nom de la Révolution, le même caractère qu'ils avaient auprès de cette souveraine, et où il les informait du changement survenu.

Dans ce premier acte, M. de Lorenzana fait déjà remarquer avec opportunité que les récents événements, donnant à la Péninsule une place beaucoup plus avancée dans le concert européen, devaient contribuer à resserrer les liens entre elle et les divers États que représentait le corps diplomatique accrédité à Madrid.

Les ministres étrangers répondirent tous en annonçant la transmission de cette note à leurs gouvernements respectifs, dont ils attendaient les instructions. Celles-ci ne tardèrent point, et, d'après elles, une réponse satisfaisante fut donnée à M. de Lorenzana par l'ambassadeur de France, le nonce, les chargés d'affaires d'Autriche, de Belgique, d'Angleterre, d'Italie, des Pays-Bas, de Portugal, de Prusse et de Russie.

Ce résultat était d'autant plus remarquable que l'Espagne se trouvait alors dans une situation sans précédent dans les annales diplomatiques. Non-seulement le pouvoir exécutif n'était que provisoire, mais l'État n'avait pas encore de forme fixe de gouvernement. En France, la Révolution de 1848, sans attendre une décision solennelle du peuple au moyen d'un plébiscite ou du vote de ses représentants, proclama la république d'une façon tumultuaire : l'État prit une forme immédiatement. Le gouvernement provisoire français de 1848 était donc un gouvernement définitif. Le gouvernement provisoire de la Révolution espagnole était celui d'un peuple dont les destinées restaient un objet d'indécision.

Il importe de faire remarquer cette situation pour que l'on comprenne tout ce qu'il y avait de flatteur dans le bienveillant accueil fait par les puissances étrangères à la note de M. de Lorenzana.

Ainsi furent reconnus, par les gouvernements européens, la Révolution et le pouvoir exécutif qui en était issu. Quelques uns promirent même de reconnaître sur-le-champ la constitution définitive, quelle qu'elle fût, que se donnerait le peuple espagnol dans l'exercice de sa souveraineté.

Pour accentuer ces dispositions bienveillantes, quelques États dont les envoyés n'étaient pas encore nommés, ou se trouvaient en congé, accréditèrent en toute hâte des titulaires ou donnèrent à leurs représentants l'ordre de retourner à leur poste. Ainsi fit la Prusse, qui renvoya à Madrid son ministre le baron de Canitz, et l'Autriche, qui nomma son plénipotentiaire, le comte Kraniski.

Tel fut le résultat de la première note de M. de Lorenzana.

Quand le gouvernement provisoire se trouva consolidé, grâce à l'adhésion des juntes de toutes les provinces. le ministère crut l'instant arrivé d'adresser à l'Europe le manifeste explicatif de la Révolution et de ses tendances. Ce manifeste — le même que nous avons reproduit intégralement — fut remis aux gouvernements étrangers par les chargés d'affaires d'Espagne.

La logique indiscutable dont se trouve empreint ce document, aussi énergique dans le fond que modéré dans la forme, ne put manquer de produire une impression profondément favorable. Les puissances durent trouver digne d'encouragement les efforts généreux de tout un peuple secouant l'esclavage de tant de siècles et se rapprochant du régime démocratique, l'idéal de la société moderne.

On ne peut expliquer d'une autre manière l'empressement que mirent ces puissances à reconnaître le gouvernement provisoire, empressement qui forme d'ailleurs un parfait contraste avec la lenteur dont firent preuve ces même puissances, lorsqu'il s'agit de reconnaître Isabelle II comme reine d'Espagne. Il ne fallut pas moins de vingt-trois ans de règne pour que la Russie reconnut Isabelle; quinze suffirent au pape, au roi de Prusse et à l'empereur d'Autriche; quant au roi de Naples, oncle de l'ex-reine, il ne consentit à nouer des relations diplomatiques avec elle qu'après dix années.

Au bout de quinze jours, l'Europe, l'Amérique et l'Afrique avaient reconnu la Révolution espagnole et le gouvernement qu'elle avait proclamé.

Certains états qui n'avaient pas à Madrid de représentants diplomatiques allèrent jusqu'à envoyer leur adhésion au nouvel ordre de choses : ainsi Bade, la Suisse, le Danemark. Cet exemple fut imité ensuite par la Turquie, le Maroc et Tunis.

Enfin, les républiques américaines ne se bornèrent pas à une simple reconnaissance : elles envoyèrent des adresses applaudissant à cette transformation et témoignant les plus vives sympathies : telle fut la conduite des Etats-Unis, du Nicaragua, de Honduras, de Costa-Rica et de la république Argentine.

Ce résultat obtenu, le ministre s'occupa de remanier le corps diplomatique accrédité à l'étranger. Il ne convenait point, naturellement, que les mêmes agents qui avaient représenté le régime déchu fussent les représentants du nouveau, diamétralement opposé à l'ancien.

Ce remaniement se fit toutefois avec les égards et la discrétion que méritaient des fonctionnaires d'un rang élevé et que réclamaient la dignité et les intérêts même de la nation.

Les nouveaux chefs de mission une fois nommés, le ministre leur donna sans tarder l'ordre de se rendre à leurs postes. Il comprit que la situation provisoire de l'Espagne pouvait susciter certaines difficultés et empêcher que les envoyés fussent reçus solennellement par les souverains étrangers : c'est pourquoi il leur enjoignit de ne point briguer d'autre honneur que celui d'être reconnus officieusement et à titre confidentiel.

Cependant le bon vouloir de la plupart des puissances rendit superflue cette délicate prévoyance. Aux Etats-Unis d'abord, en Italie ensuite, puis successivement en France, en Autriche, en Belgique, en Portugal, en Prusse, dans les Pays-Bas, etc., les chefs d'Etat prirent l'initiative de recevoir personnellement les représentants de l'Espagne révolutionnaire et les lettres de créance qui les accréditaient.

Seul le pape fit exception : M. Posada-Herrera ne parvint à voir le Saint-Père qu'en qualité de *fidèle*, et le Vatican, tout en affectant d'accueillir l'ambassadeur espagnol avec empressement, se borna à répondre d'une façon courtoise à la lettre de M. de Lorenzana qui accréditait M. Posada.

Sans doute, la cour romaine, en agissant ainsi, était dans les strictes limites de son droit. Reste à savoir si elle agissait politiquement, et si les intérêts de l'Eglise, ainsi que l'esprit concilitateur de la religion chrétienne, n'étaient pas méconnus par une telle conduite, en opposition avec celle des autres gouvernements de l'Europe.

On est, dans tous les cas, tenté de conclure en condamnant cette attitude, si l'on songe que c'est elle qui provoqua les manifestations regrettables de Madrid contre ce qu'on appelait injustement la faiblesse du gouvernement provisoire vis-à-vis de la cour romaine. Le fait est que le refus de recevoir les lettres de créance de M. Posada fut regardé par la population de Madrid comme une offense à la nation et que ce fait, coïncidant avec le barbare assassinat du gouverneur de Burgos, en pleine cathédrale, exaspéra les Madrilènes. Une démonstration eut lieu ; la sécurité individuelle du nonce ne courut aucun danger en cette circonstance, mais le corps diplomatique résidant à Madrid n'en conçut pas moins de vives alarmes. Cela donna lieu à une note collective des chefs de mission, adressée au gouvernement provisoire, et réclamant pour le nonce les immunités diplomatiques.

M. de Lorenzana y répondit par des explications très dignes, pleinement satisfaisantes, et l'incident n'eut pas d'autres suites.

Le nouveau roi de Grèce n'avait jamais été reconnu par Isabelle II, à cause de son avènement dû à un soulèvement populaire Le ministre, suivant l'esprit de la Révolution, s'empressa d'accréditer un agent diplomatique auprès de ce souverain et de reconnaître ainsi un gouvernement issu, lui aussi, de la volonté nationale.

L'influence de la révolution ne fut pas moins avantageuse dans les relations de l'Espagne avec les républiques hispano-américaines.

Au Mexique, où depuis la mort de Maximilien, le gouvernement espagnol n'a plus de ministre, l'agent officieux du cabinet à dater du soulèvement de septembre, reçut des témoignages de vive sympathie. Sans l'insurrection de Cuba, qui a inspiré au président Juarèz une mesure impolitique, les relations avec cette puissance seraient déjà rétablies. Tout porte à croire cependant que, comme le maréchal Prim l'indiquait dans un de ses discours à la Chambre, la bonne entente avec le Mexique renaîtra bientôt.

A Buenos-Ayres, on a obtenu du Congrès qu'il approuvât la loi ayant pour objet la liquidation des réclamations formulée par les sujets espagnols pour préjudices causés pendant la guerre civile.

A Montevideo, lorsqu'on fit disparaître les fleurs de lys de l'écusson espagnol, le peuple manifesta une joie enthousiaste.

La république de Saint-Domingue proposa au gouvernement provisoire la conclusion d'un traité de commerce établissant de bonnes relations entre les deux États, traité dont on a posé les premières bases.

Les républiques de l'Amérique centrale, tant que dura le régime bourbonien, s'abstinrent de tout rapport avec la Péninsule. Depuis, elles ont exprimé le désir de recevoir des consuls généraux, chargés d'affaires.

La Nouvelle-Grenade qui, elle aussi, s'était tenue à l'écart, a fait des ouvertures pour un traité d'amitié.

Mais c'est dans les négociations pendantes, ayant pour objet de signer la paix avec les républiques du Pacifique, que M. de Lorenzana a fait preuve surtout d'une intelligente activité. Il a adressé au chargé d'affaires à Washington des notes très précises donnant aux États-Unis toute la latitude nécessaire pour arriver, par une action médiatrice, à la signature d'un traité de paix sans réserves ni conditions, également honorable pour toutes les parties contractantes.

Dans les affaires cubaines, M. de Lorenzana a réussi à empêcher, au moyen de notes envoyées aux gouvernements américain et britannique, l'expédition illégale, contraire au droit international, d'armes et de secours aux insurgés.

Il a dicté des dispositions libérales en faveur des missions espagnoles en Chine; il a protégé les intérêts de ses nationaux dans le Céleste Empire et dans l'archipel indien; il a enfin commencé une étude pour fonder des églises et des hôtelleries espagnoles au Maroc.

Il faut ajouter au compte de sa gestion deux traités d'extradition avec le Portugal et l'Italie; la signature du traité de limites avec la France; la continuation des travaux pour limiter également les frontières hispano-portugaises, lesquelles ne sont point encore définitivement arrêtées.

Plusieurs réclamations de l'Angleterre, au sujet d'avaries maritimes, ont été aussi l'objet de l'attention scrupuleuse du ministre, qui a fait faire un grand pas vers la conciliation de ces intérêts internationaux.

La Grande-Bretagne a félicité le gouvernement provisoire de la façon toute libérale avec laquelle les clauses du traité pour la répression du trafic des esclaves avaient été observées par les autorités espagnoles depuis la révolution de septembre.

Ajoutons encore : des traités avec la Chine et le Japon

avec qui l'Espagne a le plus grand intérêt à conserver de bonnes relations, à cause du voisinage des îles Philippines; des instructions données au ministre résidant à Pékin, à l'effet de conclure des conventions analogues avec l'Anam et Siam, en prévision de l'extension que recevra le commerce national par l'ouverture du canal de Suez.

M. de Lorenzana, profitant des concessions libérales faites par les ministres des finances et d'Outre-mer au commerce étranger, a obtenu l'assimilation du pavillon espagnol avec le national, pour les droits de navigation en France, dans la Confédération de l'Allemagne du Nord, en Angleterre et ses colonies, dans les Pays-Bas, en Suède, en Norwége, etc. De nouveaux traités de commerce ont été conclus avec la plupart de ces puissances.

Beaucoup d'autres questions ont été encore l'objet de l'attention du ministre : ainsi les traités postales et télégraphiques, ceux qui doivent délimiter d'une façon exacte et équitable les attributions judiciaires des consuls dans les pays étrangers; ceux qui doivent assurer la propriété littéraire en Allemagne et en Amérique, pays où la littérature espagnole est très estimée.

Ce qu'il y a de remarquable dans la gestion de si vastes intérêts, c'est que malgré les dépenses considérables, les frais de représentation, etc., qu'elle semble exiger, l'Espagne révolutionnaire n'y affecte qu'un budget de 13,824,530 réaux. Encore une grande partie de cette somme, 8,222,000 réaux, rentre-t-elle au trésor grâce aux droits perçus à l'étranger par les agents consulaires, ce qui réduit la dépense réelle à 5,600,530 réaux, c'est-à-dire un peu plus de 1,400,000 francs.

Et pourtant M. de Lorenzana a trouvé le moyen de

diminuer encore ce budget et de laisser dans la caisse de son ministère un excédant de 500,000 francs. Notez que le bouleversement radical opéré par la révolution dans le haut personnel des légations a amené des déplacements extraordinaires et nécessité par conséquent des indemnités considérables.

Comme on le voit par le résumé que nous venons de faire, l'œuvre de M. de Lorenzana est loin d'être stérile.

Dans une sphère d'action où l'élément conservateur joue nécessairement un très grand rôle, il a su appliquer l'esprit de la Révolution, qui peut se traduire ici de cette manière : réduction des dépenses, développement des relations.

Il a donné lui-même, d'ailleurs, dans un rapport aux Cortes, une appréciation fort exacte de l'importance de son département, importance volontiers méconnue en Espagne. Chez ce peuple, fréquemment blessé dans sa dignité, il ne manque point de gens qui voudraient couvrir la décadence nationale d'un manteau de fausse dignité, faite de silence et d'apathie : cela est propre à la race ibérique ; grandeur peut-être, mais assurément grandeur stérile. Voici les paroles du ministre :

« Le ministère des affaires étrangères est, sauf le cas de guerre, le seul organe qui mette le pays en relations avec le monde extérieur. Notre nation, toute pauvre et diminuée qu'on la suppose, est encore une grande nation, et elle ne peut pas, quel que soit son désir, se séquestrer. Elle ne peut pas, comme une créature faible et souffrante, fatiguée et maladive, se renfermer dans une existence intérieure, végétative, et se plonger dans le sommeil avec l'espoir d'y retrouver son ancienne force et ses antiques élans. »

Cela est d'une grande vérité : il faut que l'Espagne

vive de la vie européenne, et si jamais la diplomatie fut de quelque utilité chez nous, c'est maintenant surtout qu'il faut qu'elle se montre; quelle ait raison du mépris où nous tient l'étranger, à cause de la décadence profonde que nous ont amenée les Bourbons.

C'est pour détruire cette impression, pour faire comprendre au monde ce que nous sommes, ce que nous valons, malgré les déplorables effets d'une longue servitude; c'est pour intéresser l'Europe à notre régénération, que nous devons attacher la plus grande importance à l'organisation et à l'entretien de notre diplomatie. Et c'est avec des ministres comme M. de Lorenzana que ce but se trouvera atteint.

INTÉRIEUR

La gestion de ce ministère a été l'objet de nombreuses récriminations. Les conservateurs accusèrent le ministre de faiblesse, les démagogues de tyrannie.

Ces plaintes n'ont rien d'étonnant, si l'on songe que le ministre de l'intérieur était appelé à intervenir de la façon la plus directe dans toutes les questions de la politique active, questions brûlantes s'il en fut ; qu'il avait la mission, délicate en tout temps, mais surtout le lendemain d'une révolution, de fusionner l'ordre avec la liberté qu'on venait d'acquérir.

Dans de telles circonstances, il devait être le point de mire de toutes les attaques des partis extrêmes.

Tout cela s'est évanoui en fumée, devant la sagacité le libéralisme, l'activité de l'homme remarquable chargé du portefeuille de l'intérieur sous le gouvernement provisoire, M. Sagasta.

Mais, pour avoir raison sans violence des difficultés soulevées de tous côtés par les peureux et les impatients, il a fallu toute l'autorité d'un tel homme, qui, toute sa vie, sacrifia son repos, sa fortune et ses intérêts à la revendication de la liberté, repoussa notoirement, en maintes occasions, les avances de l'ancien régime, et fut un de ceux qui se consacrèrent le plus activement à la préparation et à l'achèvement de l'œuvre révolutionnaire.

C'est à M. Sagasta qui revient la gloire d'avoir fait face aux difficultés de cet interrègne où la nation, livrée à toutes les excitations des passions politiques, n'avait point de code écrit pour se gouverner.

Il improvisa avec une rare intelligence les réglements nécessaires à l'exercice du suffrage universel, du droit de réunion et d'autres libertés dont la Révolution avait doté les Espagnols.

Nous examinerons aussi complétement que le permettent proportions de ce livre, l'œuvre du ministre de l'intérieur; son importance exige une étude aussi détaillée que possible.

Quand M. Sagasta prit possession du portefeuille, toute la machine gouvernementale se trouvait détraquée.

L'immense majorité des municipalités avait changé son personnel; un grand nombre de juntes révolutionnaires s'étaient établies dans les provinces, absorbant l'autorité municipale; plusieurs avaient réglementé à leur façon les affaires locales; grand était le nombre de celles qui avaient destitué les fonctionnaires en exercice pour les remplacer par des hommes qui avaient leur confiance ou leur protection; enfin, quelques-unes se croyaient appelées à être les noyaux d'autant de petites républiques fédératives, et elles se voyaient déjà, cédant aux instigations d'un parti impatient, en plein exercice du pouvoir suprême.

D'autres envoyaient des délégués à Madrid, afin de soutenir leurs prétentions ; elles voulaient exercer une sorte de censure arbitraire sur les actes du gouvernement provisoire.

Toutes avaient levé des contingents de milice citoyenne, et avaient ainsi à leurs ordres une force armée prête à soutenir leurs empiètements.

Parmi ces éléments si difficiles à combiner, on voyait parfois briller une étincelle échappée au foyer des questions sociales qui mettaient la patrie en danger. A chaque instant, la conflagration pouvait devenir générale et l'Espagne entière se changer en un immense brasier : pour cela, le feu qui couvait dans les provinces du Midi, très portées au communisme, n'avait qu'à se communiquer au reste du territoire.

L'exercice du droit de réunion s'était inauguré spontanément : c'était là, grâce à l'exagération inséparable de telles circonstances, une source permanente de tumulte et de désordre.

A chaque instant des excès pouvaient se produire, et la Révolution périssait, étouffée de ses propres mains.

Les démonstrations patriotiques auxquelles le ministre de l'intérieur se trouvait en but quotidiennement aboutissaient généralement à des demandes d'emplois qui embarrassaient fort M. Sagasta, le mettant en face de ce dilemme : ou surcharger le budget en accordant des places inutiles à des gens peu propres à les remplir, ou faire de chaque évincé un ennemi du gouvernement.

Tel était l'état du pays quand le ministre entreprit l'immense travail de rassembler les fragments épars de l'ancien édifice politico-administratif, afin de le reconstruire sur des bases nouvelles.

Un tel travail demandait lenteur et réflexion ; d'autre part, les circonstances exigeaient la promptitude. M Sagasta se trouva dans la pénible nécessité d'improviser une chose qui voulait être longuement élaborée. Il improvisa.

Outre que les mesures répressives eussent, en toute circonstance, répugné à M. Sagasta, il ne fallait pas songer, dans ces premiers moments d'excitation, à employer la force pour faire écouter la voix de l'autorité et reprendre aux citoyens la part d'action qu'ils avaient arrachée aux pouvoirs publics. Le ministre comprit cela et n'employa que la persuasion.

Il commença par éclairer l'opinion publique au moyen de circulaires très remarquables adressées aux préfets. Ces documents exprimaient la pensée du gouvernement provisoire, qui respectait la souveraineté populaire comme la source de tout pouvoir, mais qui demandait aux citoyens qui l'avaient élu librement, de lui permettre d'accomplir les réformes proclamées par la Révolution, et de créer ainsi le nouveau régime après lequel la nation entière soupirait.

L'opinion ainsi informée, M. Sagasta nomma le personnel de son département, afin de pousser avec la plus grande activité à la réorganisation générale du pays. Il introduisit en même temps de grandes économies dans la composition de son ministère et débarrassa l'administration des anciens mécanismes jugés inutiles et dispendieux.

C'est ainsi que fut supprimée la juridiction contentieuse exercée par le conseil d'Etat et les conseils provinciaux (conseils généraux).

La suppression de cette juridiction privilégiée rendit à la justice ordinaire une partie de l'autorité dont l'ancien régime l'avait dépouillée au profit de l'Etat. L'administration fut soumise, comme tous les citoyens, au jugement des tribunaux ordinaires : tribunal suprême de justice (Cour de cassation) et Audiences territoriales (Cours d'appel).

Ce fut une première et importante application du principe de l'égalité devant la loi.

La révolution avait proclamé la nécessité d'appeler au suffrage universel pour nommer des Cortès constituantes. Cela ne pouvait s'accomplir sans reconstituer d'abord, à titre provisoire, le pouvoir municipal.

A ce moment, ce pouvoir se trouvait en grand désarroi. Dans certaines villes, le peuple avait destitué les conseils municipaux qui n'avaient pas été remplacés. Ailleurs, les juntes Révolutionnaires avaient nommé autocratiquement les nouveaux magistrats ou avaient confisqué tout simplement à leur profit les attributions municipales. Il y avait aussi des localités où les municipes de l'ancien régime continuaient à fonctionner.

Le ministre accepta les faits accomplis, puis il ordonna que le 20 octobre toutes les municipalités fussent constituées, afin de contribuer aux réformes radicales qui devaient avoir lieu.

Ces réformes furent poursuivies rapidement. Le ministre estimait que, dans les circonstances exceptionnelles les règles ordinaires de la vie publique ne sont plus applicables, que les difficultés doivent être tranchées, sauf à rendre compte plus tard à qui de droit des résolutions prises et de leur exécution. Le 21 octobre, il publia un décret qui promulguait la loi municipale provisoire. Cette loi fut d'ailleurs approuvée plus tard par la Chambre et aujourd'hui elle est devenue définitive.

On conçoit qu'un travail aussi important et aussi compliqué ne fut pas exécuté à la légère. Les travaux de l'Assemblée libérale de 1854 furent soigneusement consultés, et, d'après cette étude, le projet de loi fut rédigé avec les modifications que rendaient nécessaires les nouvelles exigences imposées par la Révolution.

L'espace nous manque pour commenter cette loi. Nous allons cependant essayer de résumer les principes libéraux qui lui servent de base.

Le municipe, la province, l'Etat, telles sont les trois incarnations de l'aggrégation politique.

Dans une constitution parfaite, chacun de ces différents corps doit avoir une existence indépendante et tourner dans une sphère spéciale, qui lui est propre, sans gêner les mouvements des autres et sans qu'il se produise la moindre collision entre des forces dérivant d'un même principe.

La Révolution de septembre fit un grand pas vers ces idéal. La loi dont nous parlons, basée de la façon la plus large sur l'élection populaire, accorde au municipe les garanties les plus efficaces contre les empiétements et la pression du pouvoir exécutif.

Les gouvernements réactionnaires, ceux qui, à tout propos et hypocritement, comme le faisait l'ancien gouvernement espagnol, mettent en avant leur prétendu amour de l'ordre, ces gouvernements haïssent les corporations populaires.

Ils les dépouillent de toute initiative, leur arrachent leur autonomie, les entourent d'une surveillance administrative qui entrave leur liberté d'action.

Ainsi l'on amène la décadence de l'esprit public et l'on habitue les citoyens à être les esclaves de l'Etat.

Le pouvoir décentralisateur du municipe est la première garantie de la liberté des peuples. L'Espagne, et c'est là un de ses grands titres de gloire, a toujours défendu énergiquement ce principe. Au moyen âge, le peuple espagnol a lutté pour la liberté municipale contre le despotisme féodal ; il a revendiqué les chartes et franchises des villes (fueros). C'est même de là que date l'appui qu'il donna à la royauté, en haine des seigneurs.

Dans les temps modernes, il n'a cessé de veiller sur ces libertés précieuses, provoquant, lorsqu'il le fallait, des pronunciamientos tels que celui de 1840, dirigé contre la tyrannie d'une loi municipale, laquelle, non-seulement ne fut pas appliquée, mais fut l'occasion d'un bouleversement général et amena l'ostracisme de Marie-Christine, mère d'Isabelle II.

Les membres du gouvernement provisoire connaissaient bien cette tendance de l'esprit public, et le ministre de l'intérieur n'ignorait pas que, quand les gouvernements conservateurs (moderados) avaient voulu étouffer l'action des corporations populaires, ils s'étaient inspirés du système français, qui est un chef-dœuvre de centralisation tyrannique. Il savait aussi qu'à cette école appartient de *l'honneur* d'avoir inventé le contrôle gouvernemental des fonds municipaux, les délégués de l'Etat pour la présidence des conseils, et le veto que ces fonctionnaires peuvent imposer aux décisions.

Il n'ignorait pas que toutes ces choses se font au nom de l'ordre.

Mais il ne pouvait pas oublier non plus qu'en Espagne les gouvernements les plus réactionnaires n'avaient jamais osé entraver ouvertement les élections générales pour le choix des conseillers municipaux.

Ceux-ci ont toujours été élus librement, dans les grandes comme dans les petites villes, depuis que le régime constitutionnel existe dans la Péninsule ; et jamais Madrid, Barcelone ou Séville n'ont eu à subir, dans leurs élections municipales, le système humiliant que nous voyons fonctionner à Paris, à Lyon, à Bordeaux.

Donc, M. Sagasta vit bien que ce n'était pas à l'étranger qu'il fallait s'adresser pour trouver des inspirations libérales en cette matière. C'est pourquoi il s'inspira seulement de la tradition nationale, en l'appropriant aux exigences modernes, et il put ainsi rédiger une loi municipale du plus haut libéralisme, qui organise à la fois le municipe et la province et établit nettement les attributions des préfets.

Des théories très avancées forment la base de cette loi, qui ne donne au préfet, agentd e l'Etat, d'autre intervention que celle qui est indispensable pour empêcher les coteries locales d'exercer un monopole contraire aux intérêts généraux.

Sans doute, nous n'avons point la prétention de donner l'œuvre de M. Sagasta comme le dernier mot de la liberté dans l'administration locale. Toute chose est perfectible. Ce qui est certain, — et telle est l'expression de l'opinion publique en Espagne, — c'est que cette œuvre fut un tour de force administratif, et que l'on aura grand peine à faire mieux.

On aura vu, par tout ce que nous venons de dire, que le ministre avait pour but principal de préparer le terrain électoral de telle façon que le pays pût élire, au moyen du suffrage universel, les députes qui devaient, en son nom, d'après le programme revolutionnaire, rédiger la nouvelle constitution.

Sa loi municipale est le premier anneau de la chaîne qui lie l'individu à l'Etat, tout en laissant au premier une liberté d'action parfaitement inconnue sous l'ancien régime et qui est le propre du *self-government*, idéal poursuivi par la Révolution.

Le second anneau de cette chaîne est la loi provinciale, œuvre également de M. Sagasta.

Cette loi, aussi libérale que l'autre, manque forcément de radicalisme, non dans son esprit, mais dans certains détails qui, certainement, seront dans la suite l'objet d'une révision. M. Sagasta, lorsqu'il s'agit d'improviser la loi n'avait ni le temps ni les moyens de changer la division territoriale, en diminuant le nombre des provinces. Ceci constitue une des réformes les plus désirables, mais aussi les plus difficiles à introduire dans l'organisation de la Péninsule. Le ministre dut conserver l'ancienne division.

D'après la nouvelle loi, chaque province élit, par le suffrage universel, un député provincial (conseiller général) et un suppléant pour chaque groupe de 25,000 habitants.

La réunion des députés de chaque province forme la députation provinciale (conseil général) chargée de l'administration civile et économique.

Les attributions de ces assemblées ont grandi considérablement. Non-seulement elles sont appelées à protéger de la façon la plus directe et la plus efficace les intérêts locaux, mais encore elles constituent une solide garantie des franchises provinciales contre les invasions du pouvoir exécutif. Souveraines en tout ce qui est de leur ressort, elles font la répartition de l'impôt et ne reconnaissent le pouvoir exécutif, représenté par les gouverneurs (préfets), que dans le cas où l'intérêt général de la nation se trouve en jeu.

Le gouverneur assiste aux délibérations, mais il n'a qu'une voix simple, comme celles des autres députés. Il ne peut prendre l'initiative d'aucune décision sans consulter l'assemblée et son rôle, en somme, se réduit à surveiller la perception de l'impôt et le maintien de l'ordre public.

Ces lois une fois promulguées et leur exécution assurée, M. Sagasta s'occupa de la grande réforme radicale de la Révolution : *le Suffrage universel.*

Il fallait tout d'abord procéder à un nouveau recensement, afin de fixer le nombre des électeurs et de dresser les listes électorales.

Tout ce que les gouvernements antérieurs avaient fait sous ce rapport était inutile ; ces travaux avaient toujours eu pour base l'élection restreinte qui écartait les ennemis du pouvoir.

Faire le recensement d'une population de dix-sept millions de citoyens et délivrer les bulletins de vote, ce n'est pas là une besogne d'un jour.

Plusieurs journaux français ont accusé M. Sagasta à cette époque, de lenteur dans la convocation des comices. Ces journaux n'avaient pas songé, sans doute, à cette petite opération préliminaire du recensement ni à tous les autres travaux préparatoires, tels que l'élection des vingt mille conseils municipaux qui existent en Espagne.

M. Sagasta régla l'exercice du Suffrage universel par un décret en date du 9 novembre 1868.

Cette loi révolutionnaire renferme 138 articles. Ne pouvant l'examiner en détail, nous en ferons ressortir du moins l'esprit.

Cet esprit est tel que l'Espagne, en retard de vingt ans sur la France, quant au Suffrage universel, s'est placée d'un bond devant l'Empire.

D'après le décret ministériel, devenu ensuite loi de l'État, le système se trouve appliqué, en Espagne, d'une façon bien plus libérale qu'en France. Nous ne croyons même pas qu'il existe au monde de pays où il y ait moins d'exclusions.

Ces exclusions, les voici :

La première est fondée sur ce principe de droit : « *Les indignes* ne doivent pas jouir des droits politiques. »

D'après ce principe, la loi exclut du vote ceux qui ont été condamnés par les tribunaux à des peines afflictives, jusqu'à ce qu'ils aient obtenu leur réhabilitation ; les prévenus en matière criminelle pendant le temps de la prévention; les faillis, les débiteurs de l'Etat et les interdits.

La seconde exclusion s'appuie sur cet autre principe dont la justice est universellement reconnue : « Celui qui, d'après la loi, ne peut, à cause de son âge, comparaître devant les tribunaux pour défendre ses droits, ne peut pas non plus être admis à élire les représentants qui font les lois. ».

En vertu de ce principe, le décret fixe l'âge auquel le citoyen entre en jouissance de ses droits d'électeur. Cet âge est le même que celui de la majorité en Espagne : vingt-cinq ans.

Nous aurions voulu voir ce chiffre diminué et M. Sagasta, dont le libéralisme n'est point à soupçonner, l'aurait sans doute desiré comme nous; mais il fallait qu'il se conformât sous ce rapport à la législation en vigueur, consacrée par l'habitude, et que ni lui ni personne du gouvernement provisoire n'aurait eu le pouvoir de réformer.

Telles sont les seules bornes mises par le décret Sagasta à l'exercice du Suffrage universel.

Une circonstance qui doit être notée, c'est que cette loi s'applique non-seulement à l'élection des représentants du peuple, mais à celle des députés provinciaux et des conseillers municipaux dans tout le pays.

Quand on songe à ce qu'était l'élection sous l'ancien régime, quand on se souvient que le peuple se trouvait exclu en masse des comices et que la capacité et la richesse y avaient seules accès, quand on se rappelle enfin les abus qui faussaient le scrutin, la révision des listes, les candidatures officielles — complétement supprimées par le gouvernement provisoire — et tant d'autres moyens mis en œuvre pour frustrer le pays de son droit fondamental, on comprend toute l'étendue du progrès réalisé par la loi nouvelle et l'on admire l'esprit de libéralisme qui a présidé à sa rédaction.

Cette plénitude de liberté s'applique également à l'éligibilité; tout électeur est déclaré éligible. Progrès immense, dans un pays où l'on exigeait, pour siéger aux Chambres, la réunion d'une foule de conditions. Par ce fait, voici l'Espagne placée d'un seul coup bien avant l'Angleterre, en fait de liberté parlementaire.

Restait à fixer l'unité électorale; c'est là une question qui divise les publicistes.

Les uns soutiennent le fractionnement par colléges; les autres le morcellement par circonscriptions.

M. Sagasta adopta comme unité électorale la province. En cela il fut guidé par cette importante considération que la province, à cause de son étendue, est moins susceptible que le district ou le collége de subir les influences exclusives d'un parti, du gouvernement, ou des coteries qui mettent les intérêts locaux avant ceux de l'Etat.

Le gouvernement provisoire, sur la proposition du ministre, déclara la province indivisible pour les effets de l'élection.

Ce n'est pas en France qu'on méconnaîtra la portée de cette mesure; les citoyens français savent trop quel parti un gouvernement habile peut tirer du morcellement facultatif par circonscriptions pour le triomphe des candidatures agréables.

Comme garantie du suffrage, la loi établit une pénalité digne de la majesté du droit qu'elle est appelée à sauvegarder.

Tout individu qui se servirait de faux documents pour prouver sa qualité d'électeur est soumis aux prescriptions du Code pénal.

Quant aux fonctionnaires qui se rendraient coupables d'un pareil délit, ils sont punis des travaux forcés, de douze à vingt ans, et d'une amende de 500 à 5,000 francs.

Ceux qui appliqueraient faussement des voix à un candidat sont passibles des mêmes peines.

Les fonctionnaires qui imposeraient un candidat aux électeurs, ou qui empêcheraient ceux-ci de voter, soit en les éloignant de leur domicile, soit en les forçant d'y rester, enfin ceux qui, au moyen de promesses ou de menaces, exerceraient une pression quelconque pour ou contre un candidat déterminé, sont déclarés à jamais incapables de remplir des fonctions publiques et privés à perpétuité de leurs droits politiques ; cela, sans préjudice d'une amende de 100 à 1,000 francs.

En cas d'infraction à la loi électorale, la loi renferme une disposition spéciale qui permet de poursuivre tout fonctionnaire devant les tribunaux ordinaires, sans autorisation préalable (*).

Quant aux électeurs en général, ainsi qu'aux maires (alcades), secrétaires-scrutateurs, présidents des comités, etc., etc., la loi leur enlève à perpétuité les droits politi-

(*) La Constitution à étendu cette garantie : dans tous les cas, les fonctionnaires sont justiciables des tribunanx ordinaires, et l'autorisation préalable a été abolie.

ques, en punition des abus électoraux dont ils se rendraient coupables, en y ajoutant des amendes progressives, selon la gravité des cas, jusqu'à la limite où le délit devient justiciable du Code pénal ordinaire.

Cette pénalité paraîtra peut-être sévère. Cette sévérité était nécessaire pour garantir le suffrage universel contre des abus invétérés, enracinés en quelque sorte dans les mœurs électorales, grâce aux aimables procédés de l'ancien régime.

Pour en finir avec la loi qui organise l'exercice du suffrage universel, disons que, d'après elle, les citoyens peuvent consulter en tout temps les registres dans chaque mairie et y vérifier leur inscription. C'est là une réforme très importante ; d'après la méthode ancienne, les électeurs n'étaient admis à présenter leurs réclamations d'inscription que dans un délai très restreint, c'est-à-dire pendant les quelques jours où les listes électorales étaient affichées.

Le décret que nous venons d'examiner rapidement paraissait, comme nous l'avons dit, le 9 novembre 1868.

La *Gazette* du lendemain publiait une circulaire qui ordonnait aux préfets d'inviter les municipalités à rédiger d'urgence les listes électorales et à livrer sans délai aux électeurs leurs bulletins de vote.

Ces opérations devaient être terminées le 30 novembre, et, le 1er décembre, on devait procéder à l'élection des nouvelles municipalités dans toute la Péninsule et les îles adjacentes.

Malgré tout le zèle du ministre, il fallut ajourner les élections municipales jusqu'au 18. Le délai marqué, en effet, ne suffit point à la présentation des certificats d'inscription ; en outre, des troubles se produisirent dans certaines provinces, où des minorités turbulentes voulaient imposer leur volonté aux électeurs par des moyens violents.

« Il faut,—disait à ce propos M. Sagasta, dans un décret du 24 novembre expédié, comme tous ses travaux, au milieu des préoccupations que lui inspirait la question d'ordre public, — il faut que pour la première fois que s'exerce le Suffrage universel en Espagne, on ne puisse pas dire que la liberté électorale n'a pas été religieusement respectée par tous les citoyens et qu'à l'influence corruptrice du pouvoir déchu a succédé la pression tyrannique des multitudes armées. »

Les dangers que signalait ce décret furent écartés enfin, grâce à la fermeté et à la persévérance du ministre, le 23 décembre eurent lieu les élection. Le 1er janvier 1869, les nouveaux conseils municipaux furent installés.

La plupart d'entre eux se montrèrent sympathiques aux idées libérales et réformatrices du Gouvernement provisoire. Celui-ci reçut ainsi une première consécration de son mandat et de son autorité, et une sorte de bill d'indemnité pour sa conduite patriotique.

Les municipalités une fois constituées, M. Sagasta convoqua immédiatement les colléges pour l'élection des deputés constituants.

Préalablement il fallait dissoudre les Juntes révolutionnaires dont l'existence, utile au moment du soulèvement, était devenue incompatible avec une situation normale et un gouvernement régulier. Le ministre, pour obtenir ce résultat, eut besoin d'une grande fermeté. Plusieurs Juntes se séparèrent spontanément ; mais d'autres ne cédèrent que très difficilement l'autorité passagère dont elles étaient revêtues; elles la déclinèrent enfin devant l'attitude résolue du gouvernement.

Autre obstacle qu'il fallut surmonter : l'inscription des masses armées n'avait pu être soumise à aucun contrôle; nécessairement, elles avaient servi de refuge à des milliers de gens sans aveu, et, le soulèvement terminé, elles constituaient un danger, au lieu d'une sauvegarde, dans la plupart des villes. Il était difficile, cependant, qu'un gouvernement révolutionnaire, qui reconnaissait la garde nationale comme une des garanties nécessaires à la liberté, prît sur lui de dissoudre violemment ces forces civiques. Le ministre se contenta d'organiser la milice citoyenne sur la même base que les corps de volontaires, en conservant la dénomination de «volontaires de la liberté » et en purgeant les rangs de cette milice de tous les éléments de désordre qu'ils renfermaient.

Le décret qui accomplit cette réforme est sage et libéral; il respecte la sécurité individuelle, le droit d'association, etc., et se borne à rejeter une lie de populace qui ne cherchait, sous l'uniforme de la milice nationale, qu'un prétexte à débordements.

Toutefois, cette purification ne se fit pas sans conflit. La plupart des émeutes qui troublèrent l'ordre dans la Péninsule depuis le mois d'octobre 1868, jusqu'en mars 1869, n'eurent pas d'autres cause que la résistance de ceux qui se sentaient indignes de conserver les armes après le décret organisateur de la milice rédigé par M. Sagasta.

Finalement, force resta à la loi. Dans toutes les collisions, autant celles dont nous venons de parler que d'autres plus odieuses, provoquées par les partis extrêmes, telle qu'il s'en produisit à Cadix, Malaga, Xérès et

Burgos, et où le sang coula, le ministre de l'intérieur montra autant de fermeté pendant la lutte que de générosité après la victoire. Il adoucit toujours la sévérité de la loi, une fois l'ordre rétabli et le prestige de l'autorité sauvegardé.

Après avoir passé en revue les réformes d'intérêt général accomplies par l'initiative du ministre de l'intérieur, examinons rapidement, pour finir ce chapitre, celles qui concernent plus particulièrement la liberté individuelle.

La première établit la *liberté absolue* de la presse, par décret en date du 23 octobre 1868. Dès lors, l'expression de la pensée se trouva dégagée de toute entrave. Le journal, la brochure, le livre, les œuvres dramatiques, enfin toutes les manifestations écrites de l'idée, furent complétement affranchies.

On laissa le Code pénal, c'est-à-dire la loi commune, seul juge des écarts de la presse et les tribunaux ordinaires furent chargés de la répression de ces délits. Le décret établit, pour le cas de délits ordinaires, la responsabilité de l'auteur quand celui-ci fut connu ; pour les écrits anonymes, les directeurs de journaux, éditeurs, imprimeurs, directeurs de théâtres et impresarios furent déclarés responsables corrélativement jusqu'à ce que la loi arrive à trouver un individu qui assume la responsabilité.

Encore une mesure dont il est superflu, je pense, de faire ressortir le libéralisme, devant le public français.

Un autre décret, du 1er novembre 1868, proclame le droit de réunion sans aucune restriction. Cette liberté donnée aux citoyens n'est soumise qu'à une simple formalité, consistant à informer l'autorité vingt-quatre heures avant l'ouverture de toute réunion publique.

Pour les réunions sur la voie publique ou en rase campagne, la loi n'impose d'autres obligations que de se conformer aux ordonnances municipales qui defendent d'entraver la circulation, et de ne point porter des armes, afin d'éviter toute collision.

Par un troisième décret du 16 janvier 1869, la liberté des théâtres fut également proclamée sans restriction aucune.

D'autres décrets vinrent successivement porter remède à la crise produite par les mauvaises récoltes, décrets réformant, dans le sens le plus libéral, l'organisation des monts-de-piété, de sociétés de bienfaisance, des conseils de santé, et de tant d'autres institutions qui exigeaient la liberté pour développer leur influence bienfaisante sur les classes prolétaires.

Enfin le ministre de l'intérieur, déployant une activité extraordinaire, sut faire face aux exigences des ouvriers qui demandaient du travail ; il leur en procura passagèrement comme c'était de raison, et les efforts étonnants qu'il fit pour trouver des ressources furent couronnés de succès.

Telle fut l'œuvre de M. Sagasta pendant la période provisoire. Quant on pense aux circonstances au milieu desquelles elle fut accomplie ce que l'on admire c'est sa perfection relative et la modération qui présida à son application.

Le jour de la justice n'est pas encore arrivé pour M. Sagasta, mais ce jour sera un jour de gloire pour sa réputation comme gouvernant.

GUERRE

Tout autre que le maréchal Prim aurait eu entre les mains le portefeuille de la guerre, dans le Gouvernement provisoire, que nous en parlerions fort peu.

En effet, notre résumé est essentiellement politique et les mesures prises dans ce département, pendant la période que nous passons en revue, sont presque exclusivement administratives.

Mais la grande personnalité du comte de Reuss nous fait un devoir de donner au ministère de la guerre la même importance qu'aux autres.

Voici, en peu de mots, les principales dispositions prises par le maréchal Prim pendant les six mois écoulés depuis le soulèvement de Cadix jusqu'à la réunion des Cortès.

Le premier décret digne d'être mentionné est celui du 4 octobre 1868, qui réglemente les récompenses accordées à l'armée pour l'affaire de Cadix et la bataille d'Alcolea.

On a beaucoup écrit, en France et ailleurs, contre ce genre de faveurs, destinées, d'après ceux qui les condamnant, à payer la trahison, la révolte et l'indiscipline. On a parlé de prétoriens et de janissaires, et on a été jusqu'à comparer l'armée espagnole à ces gardes du serail qui multipliaient à leur gré les révolutions de palais et se faisaient tour à tour, selon les caprices de leur ambition, les seïdes des tyrans, ou leurs bourreaux.

Ce n'est ici ni le temps ni le lieu de défendre l'armée péninsulaire contre de telles attaques. Cette défense, nous l'avons entreprise d'ailleurs en d'autres circonstances ; le journal et la revue nous ont fourni pour cela un terrain plus convenable à ces sortes de controverses.

Disons simplement qu'en Espagne, depuis longtemps, chaque fois qu'il s'est agi de conquérir la liberté, l'armée a dû remplacer le peuple. En effet, le peuple espagnol, courbé sous tant de siècles d'oppression et d'ignorance, se trouvait en grande partie peu disposé à affronter la lutte armée, pour la revendication de ses droits, dont il savait à peine épeler les noms. La minorité intelligente et illustrée, qui savait ce qu'on lui avait ravi et ce quelle voulait conquérir, se bornait souvent de son côté à faire des vœux stériles.

Bref, sans l'élan de l'armée, l'Espagne serait encore pour longtemps, peut-être, sous le joug de l'oppression.

Le parti libéral, au nom duquel la Révolution s'est faite, n'avait donc point créé cette situation, mais il dut la subir. Il savait d'ailleurs que c'était à l'armée, cette portion choisie du peuple, en Espagne, que le pays devait et son indépendance et le régime constitutionnel conquis après sept ans de luttes acharnées.

Pourtant, le parti progressiste, et à sa tête la maréchal Prim, n'avaient cessé, pendant les trois ans d'émigration, de faire appel au peuple pour l'accomplissement de la Révolution. Ce parti, qui est un parti civil, le plus civil de tous, qui compta à peine dans ses rangs, pendant quatorze années de disgrâce, une demi-douzaine de généraux, voulait, avant tout, faire une Révolution civile.

L'apathie des masses empêcha ce résultat jusqu'à un certain point.

Ces choses, il faut que le publiciste ait le courage de les dire.

Trois fois la Révolution, et son chef, le maréchal Prim, alla frapper à la porte de l'Espagne civile, et trois fois l'Espagne civile fut sourde a l'appel.

C'est pourquoi le recours à l'armée devint nécessaire, de même qu'il fallut accepter avec reconnaissance la coopération du parti unioniste, sans lequel on n'aurait pu exécuter le mouvement et entraîner l'armée, accoutumée depuis longtemps à obéir à ses chefs.

Dès lors, il était naturel que ce puissant concours fût récompensé : le gouvernement provisoire devait se montrer généreux et reconnaissant envers l'armée, principal instrument de la victoire.

Le ministre de la guerre fut loin d'être prodigue de récompenses ; il se contenta de tenir les engagements contractés solennellement envers les classes militaires avant le soulèvement et il se borna à reconnaître les services rendus, à dédommager des privations et des persécutions souffertes.

Quand le peuple espagnol aura appris à défendre et à sauvegarder lui-même, sans le secours des soldats, les libertés publiques, alors sera fermée irrévocablement l'ère des pronunciamientos militaires. D'ici là, il est juste qu'il paye à l'armée le service inappréciable qu'elle lui a rendu en le délivrant, chaque fois qu'il lui a adressé un appel, des pouvoirs qui le tyrannisaient.

Un autre décret fit disparaître de l'armée espagnole tout ce qui pouvait rappeler la domination bourbonnienne. C'était là une mesure conforme à l'esprit d'une Révolution accomplie au cri de : « A bas les Bourbons ! » On changea les dénominations de plusieurs régiments ; les noms bourbonniens furent remplacés par des noms glorieux dans les fastes militaires de l'Espagne.

Puis la garde rurale fut supprimée.

C'était une milice créée par Narvaez pour protéger les campagnes ; sous prétexte de protection, elle exerçait une tyrannie à laquelle il fallut couper court, tout en tenant compte de services rendus par quelques uns de ses membres.

Les hallebardiers aussi n'avaient plus raison d'être ; ils formaient la traditionnelle garde d'honneur de souverains dont la dynastie se trouvait à jamais déchue. On les licencia.

Suivant le plan général d'économies, le maréchal Prim supprima également la Junte consultative de la guerre, rouage inutile de l'administration militaire, et qui joignait à son inutilité l'inconvénient de coûter fort cher.

Une disposition plus importante et d'un caractère tout à fait politique fut prise par le ministre, en date du 30 octobre. On y retrouve au plus haut point l'esprit essentiellement libéral que le comte de Reus a montré dans toute sa vie publique.

Cette disposition a pour but de rendre aux militaires retirés du service la liberté civile, dont ils étaient privés sous l'ancien regime et de leur accorder toute espèce de facilités pour changer de résidence selon leur volonté, et cela sans qu'ils rencontrent jamais la moindre difficulté à percevoir leurs pensions de retraite. Une mesure analogue fut prise relativement aux officiers en disponibilité.

D'autres décrets furent publiés successivement, qui supprimèrent le corps de police armée dit *Escuadras* de Catalogne; modifièrent la formule du serment militaire ; diminuèrent le nombre des aides de camp des généraux; établirent des règles sages pour la réduction des cadres d'officiers en disponibilité ; abolirent les croix militaires d'Isabelle-Louise et d'Isabelle II; changèrent l'organisation de la cavalerie ; constituèrent des pensions pour les veuves et les orphelins des soldats morts en défendant la cause de la liberté, sur l'échafaud, au bagne ou dans l'émigration; fixèrent à 6,000 réaux (1,500 fr.) le taux du remplacement, et introduisirent ? enfin, une foule de réformes de détail dans l'administration militaire.

On voit que l'activité du ministre de la guerre ne se trouvait point entravée par les vastes préoccupations du comte de Reus, en sa qualité de chef d'un grand parti politique.

Mais une circonstance où le maréchal sut montrer un rare talent d'organisateur, c'est quand il s'agit de mettre sur pied de guerre, en toute hâte, au milieu de la pénurie du trésor, l'armée expéditionnaire des Antilles, chargée d'arrêter l'insurrection et de faire rentrer dans l'obéissance, qu'elle doit à la métropole, l'île de Cuba.

Pour donner une idée de l'activité déployée à cette occasion, activité d'autant plus remarquable, nous le répétons, que les ressources pécuniaires se trouvaient extrêmement restreintes, il nous suffira de dire que le maréchal trouva moyen, pendant la période provisoire, d'envoyer à l'armée des Antilles un renfort de vingt mille hommes de troupes fraîches, en grande partie créées et équipées pour la circonstance.

Cela n'empêcha pas le ministre de poursuivre divers projets de réformes qu'il présenta à la Chambre, lors de son ouverture, et qui avaient été l'objet de profondes études. Ces divers projets, mis à exécution, constituèrent une réforme radicale dans la haute administration centrale de la guerre ; l'expédition des affaires se trouva par suite de ces changements, fort simplifiée, et des économies considérables furent réalisées dans le budget. Voici les points principaux sur lesquels portent ces réformes :

Suppression des directions spéciales de chaque arme.

Substitution au Tribunal suprême de guerre et marine d'un conseil suprême de guerre, avec un personnel réduit.

Suspension de l'école d'officiers d'infanterie.

Suppression du chapitre des commissions actives.

Abolition des juridictions spéciales dont jouissaient, par un privilége aristocratique, les corps d'artillerie et du génie.

Diminution des traitements des généraux commandant les provinces et réduction du nombre des gouvernements militaires.

Economie de 10 0/0 réalisée dans les dépenses du

matériel de l'administration centrale de la guerre et de ses dépendances.

Comme on le voit, toutes ces mesures ne touchent pas essentiellement à l'organisation générale de l'armée, qui reste ce qu'elle était, au moment où éclata le mouvement révolutionnaire, avec cette seule différence qu'on a supprimé, comme nous avons dit, les hallebardiers, la garde rurale et l'escadre de Catalogne.

Voici son effectif :

Régiments d'infanterie de ligne : 40 ; 1 régiment de discipline, destiné à tenir garnison sur les côtes d'Afrique ; 20 bataillons de chasseurs; 80 bataillons de réserve ou provinciaux; 10 régiments d'artillerie; 18 de cavalerie et 2 du génie ; 16,000 hommes de gendarmerie (*Guardia civil*); 14,000 hommes de garde rurale; 12,000 douaniers (*Carabineros*) ; 252 soldats catalans (*Mozos d'escuadra*) et 2 compagnies de hallebardiers à 120 hommes chacune. Chaque régiment de ligne, commandé par un colonel, se compose de 2 bataillons. La force de chaque bataillon, sur le pied de paix, est de 750 hommes, non compris les officiers. Les bataillons provinciaux sont ceux de dépôt et d'instruction, qui envoient les hommes dressés dans les cadres des régiments de ligne. Un bataillon se compose de 6 compagnies sur le pied de paix, de 7 ou 8 en temps de guerre. L'organisation des bataillons de chasseurs à pied est la même que celle des bataillons de ligne. Les 18 régiments de cavalerie se divisent ainsi : grosse cavalerie, 2 régiments de cuirassiers et 2 de carabiniers; cavalerie de ligne, 8 régiments de lanciers ; cavalerie légère, 4 régiments de chasseurs et de hussards.

Il y a en outre trois établissements de remonte et deux

escadrons fixes à Galice et de Majorque. Chaque régiment de cavalerie doit avoir une force réglementaire de 360 chevaux et de 460 hommes ; les 100 hommes non montés font le service des écuries. Les 10 régiments d'artillerie se composent de 5 régiments à cheval, de 4 à pied et d'un régiment d'artillerie de montagne. Ce dernier est pourvu de canons d'un petit calibre que l'on charge à dos de mulets. Les 5 régiments à cheval et celui de montagne ont chacun 6 compagnies (6 batteries) de 6 pièces et sont d'une force d'environ 100 hommes chacune. Les régiments d'artillerie à pied se composent de 2 bataillons à 6 compagnies. Leur effectif est plus fort que celui de l'artillerie à cheval, car chaque régiment doit avoir une force réglementaire de 1,800 hommes. Les troupes du génie comptent 2 régiments à 2 bataillons, et chaque bataillon a une force de 900 hommes.

En somme, l'armée espagnole, sur le pied de paix, devrait compter environ 150,000 hommes, mais elle atteint rarement ce chiffre.

Il ne faudrait pas croire que le parti progressiste et son illustre chef, Don Juan Prim, n'aient pas un plan radical de réformes militaires, dont le but est de diminuer cet effectif considérable.

Le parti progressiste,—*plus libéral aujourd'hui qu'hier, plus libéral demain qu'aujourd'hui*, c'est sa divise, et elle est digne et logique, — demande l'abolition de la conscription, d'abord, et, plus tard, la suppression des armées permanentes.

Mais ce parti n'est point utopiste ; il vise avant tout à faire ce qui est possible ; il est pratique. Ce n'était point au moment où toutes les passions étaient déchaînées, où la liberté et la Révolution se trouvaient menacées par les partis extrêmes, où l'émeute et la guerre civile étaient imminentes, comme on l'a vu plus tard, où l'intégrité du territoire était menacée dans les colonies, ce n'était point dans un tel moment que les progressistes pouvaient accomplir les réformes radicales qu'ils rêvaient.

De leur part, c'eût été là plus qu'une maladresse, c'eût été une trahison.

Le ministre dut donc ajourner ces réformes, interprétant ainsi le sentiment de son parti, sentiment que partageaient d'ailleurs, en cette circonstance, les deux autres fractions qui avaient concouru à effectuer la Révolution, les unionistes et les démocrates.

Cela ne l'empêcha point, dans la discussion soulevée au sein des Cortès, à propos de la conscription, d'exprimer ses idées radicales sur ce sujet, et il montra, à cette occasion, à quel point l'esprit militaire se trouvait dominé, en lui, par l'esprit libéral.

Le maréchal Prim, en effet, accepta d'emblée, pour l'avenir, l'abolition de la conscription et le rachat, à l'aide d'une somme d'argent, du contingent que chaque ville doit fournir.

Il s'est chargé, au nom de l'Etat, de se procurer des soldats au moyen du recrutement volontaire, malgré la difficulté de cette tâche.

Encore un mot, avant de terminer ce rapide exposé des affaires de la guerre pendant la période provisoire, sur l'homme éminent qui a été, qui est, et qui restera la personnification la plus complète de la Révolution espagnole.

L'amitié respectueuse et dévouée qui nous lie au

comte de Reus ne peut, en cette circonstance, nous imposer aucune réserve. L'auréole prestigieuse dont l'opinion publique a entouré le nom de Prim brille d'un éclat suffisant et tous les efforts que nous pourrions tenter n'y ajouteraient pas le moindre rayon. En ce qui regarde le maréchal Prim, exagérer la vérité, serait inutile, indigne de l'homme et des circonstances.

Le maréchal a été, presque à lui seul, la Révolution de septembre. Il en fut l'initiateur, avec l'aide de quelques fidèles, en janvier 1866.

Jamais il n'a douté de la délivrance, aux jours d'épreuve les plus cruels, alors que la lassitude et le découragement envahissaient le cœur des proscrits qui avaient entrepris à l'étranger l'œuvre de régénération de notre patrie.

A ces moments, le vide se faisait parfois autour du chef; les jalousies intimes venaient s'ajouter à tout le reste ; l'émancipation rêvée semblait bien loin !

Lui, cependant, gardait entière sa fermeté et sa confiance; l'accomplissement de notre rêve patriotique, il l'a poursuivi sans trêve, ne défaillant jamais, le premier toujours, payant de sa personne, de son repos, de sa santé, de sa fortune.

Ce fut sur lui que tombèrent tout d'abord les rigueurs des gouvernements étrangers, les dédains, les persécutions. On permettait à d'autres émigrés de séjourner en France et d'y recevoir des traitements du gouvernement que nous voulions renverser; le maréchal était expulsé de Paris, même de Bruxelles, et ne trouvait un refuge que sur le sol de la libre Angleterre.

C'était encore sur lui que retombait l'insuccès des appels adressés vainement au peuple espagnol pour secouer la tyrannie bourbonnienne, et un jour est venu où, de plusieurs centaines d'émigrés , douze à peine étaient restés fidèles autour de leur chef.

Il supportait tout sans se plaindre; il ne murmurait point, il n'accusait point le sort; il n'avait pas plus d'amertume que de découragement. Il poursuivait ce grand travail d'organisation, destiné à tirer un peuple de son lourd sommeil, à le délivrer d'une oppression séculaire.

C'est pourquoi Don Juan Prim peut revendiquer le titre de chef de la Révolution ; il l'a été au temps de la lutte et de la défaite, seul parfois, et même contre tous. Ce n'est pas au jour de la victoire qu'on lui contestera ce titre si noblement gagné. Il le conservera donc dans l'avenir, et ce titre glorieux sera comme un égide contre toutes les tendances réactionnaires.

Sans méconnaître d'aucune façon les mérites des autres chefs du mouvement de Cadix, on doit voir, dans la personne du maréchal Prim, le premier protecteur, le premier libérateur de l'Espagne avilie par une tyrannie odieuse.

Ceux qui comme nous ont suivi, à travers l'exil, ce douloureux pélerinage accompli par Don Juan Prim, ne peuvent parler de l'œuvre révolutionnaire sans reconnaître une si grande vertu politique, sans lui rendre cet hommage si mérité.

Cet hommage, l'opinion publique l'a d'ailleurs pleinement confirmé.

MARINE

La marine espagnole a tenu, en Europe, un rang honorable toujours, prépondérant quelquefois.

Même aux époques de décadence, elle a maintenu fièrement l'honneur du pavillon, et, sous le règne dont la Révolution a marqué la déchéance, les marins espagnols s'étaient montrés dignes de leurs glorieux ancêtres.

Parmi les hommes qui marquèrent dans cette période, il y en eut un qui s'illustra spécialement dans la campagne du Pacifique, Jean Baptiste Topete. Il etait alors capitaine de vaisseau. Son nom, depuis, a été cité avec orgueil dans le Péninsule.

La bravoure dont il fit preuve dans cette campagne, ses rares qualités de commandement le rendirent populaire. Les espagnols, un peu emphatiques de leur nature, se plaisaient à désigner le contre-amiral Topete sous le titre du *héros del Callao*, à cause de sa belle conduite dans le bombardement de ce port.

Ce fut ce même homme qui devint le libérateur de l'Espagne opprimée, le bras armé de la Révolution.

Grâce à son énergique initiative, le soulèvement de

Cadix prit de telles proportions que rien ne put lui résister et que son triomphe devint assuré. Le concours de la marine, qui jamais n'avait pris part aux pronunciamientos, donna à ce mouvement son caractère de révolution radicale et patriotique; fait d'autant plus remarquable et significatif que la marine était en Espagne, comme partout, un corps foncièrement conservateur.

Aussi, le pays comprit-il tout de suite qu'une insurrection à la tête de laquelle se trouvait la flotte, dont la sévère abstention avait toujours dominé les rivalités et les troubles politiques, ne pouvait pas être une œuvre d'ambition éphémère et vulgaire.

L'initiative prise par Topete et ses frères d'armes fut donc, au point de vue moral comme au point de vue matériel, un puissant élément de succès pour la Révolution.

Une fois le gouvernement provisoire constitué, le portefeuille de la marine échut de droit au contre-amiral Topete, désigné d'avance pour ce poste par la reconnaissance publique.

Aucun ministre, pendant les six mois de provisoire, ne donna plus de preuves d'activité.

La politique semblait devoir absorber toute l'attention d'un homme qui venait de jouer un rôle si important. Il n'en fut rien; l'amiral montra, par sa conduite en ces circonstances, qu'il savait s'effacer avec une rare modestie, et qu'il comprenait que, la patrie une fois délivrée, le premier devoir des ministres révolutionnaires était de réorganiser l'État sur de nouvelles bases.

Dès le lendemain de son arrivée aux affaires il se mit à l'œuvre et commença le travail réorganisateur de son département. Tous les plans qu'il a donnés portent l'empreinte du savoir et de l'expérience; on voit, en les étudiant, qu'ils sont l'œuvre d'un esprit pratique et réfléchi, rompu aux difficultés du métier et qui a mûri, dans la solitude de longues expéditions maritimes, ses projets de réforme navale.

Nous ne pouvons qu'esquisser rapidement — comme nous l'avons fait pour le ministère de la guerre — les actes du ministre de la marine : leur intérêt est plus administratif que politique et, à ce titre, ils ne doivent tenir qu'une place secondaire dans notre travail.

L'amiral Topete inaugura son administration par une mesure que réclamait depuis longtemps l'intérêt national : il raya des cadres du service actif la plus grande partie de l'Etat-major général de la flotte On mit à la retraite beaucoup de vieux généraux dont la plupart étaient incapables, à cause de leur âge comme aussi de leur instruction, acquise à une époque où les études navales étaient négligées, de rendre des services à la patrie. Leur présence dans les cadres, dont ils encombraient la tête, grâce à la prodigalité avec laquelle l'ancien régime octroyait certains grades élevés, gênait l'avancement régulier, et constituait une cause permanente de découragement pour les jeunes officiers, espoir de la marine nationale. En outre, presque tous ces hommes, liés à l'ancien régime par l'âge, le souvenir, la reconnaissance, se trouvaient en opposition forcée avec le nouvel ordre de choses créé par la Révolution.

Ce fut donc une sage mesure que celle qui les écarta du service actif. Par le fait, l'effectif de l'état-major général se trouva diminué, ce qui fut plus sage encore. En effet, les vacances des places occupées par ces généraux ne furent remplies que par des officiers d'un grade immédiatement inférieur, lesquels, d'après le décret du ministre, ne pouvaient devenir généraux que par suite de la mort des anciens titulaires.

Une exception fut faite en faveur du chef d'escadre. M. Mendez-Nunez, qui, ayant commandé d'une façon très remarquable l'expédition du Pacifique, méritait une distinction spéciale. Ce brave marin fut rappelé en Espagne et mis à la tête de l'amirauté, après avoir décliné avec une rare abnégation, le grade de lieutenant-général, auquel M. Topete l'avait promu en récompense de ses glorieux services.

Voici les mesures prises successivement par le ministre révolutionnaire de la marine :

Réorganisation complète de son département, qui fut mis à la hauteur des immenses progrès modernes et d'accord avec le système suivi par les grandes puissances étrangères.

Création d'un conseil provisoire de gouvernement maritime, lequel, sous la présidence du ministre, dut s'occuper des questions suivantes :

Création de l'amirauté espagnole et son réglement;

Classification du personnel actif et non actif de tous les corps de la flotte;

Rédaction d'une nouvelle loi d'avancement ;

Simplification de la comptabilité navale ;

Nouvelle organisation des arsenaux ;

Fixation du matériel devant constituer la force maritime du pays;

Vente du matériel inutile;

Reduction du budget;

Récompenses aux engagés volontaires de la marine et amélioration de la situation des marins;

Développement de la marine marchande;

Établissements scientifiques;

Développement de l'instruction parmi la jeunesse de la flotte;

Réorganisation de l'artillerie et de l'infanterie de marine;

Réforme du corps de santé;

Organisation rapide du corps des caporaux chefs de pièces;

Réforme de l'école des contremaîtres;

Enfin, la révision du Code pénal maritime.

Par cette simple énumération, on voit que l'amiral Topete devra être considéré comme le régénérateur de la marine espagnole, le jour où ce remaniement total sera accompli.

Ce jour n'est pas éloigné : l'activité extraordinaire que déploie le ministre dans la poursuite de cet immense travail, en est un sûr garant. Dans la seule période provisoire, l'amiral Topete a trouvé le moyen d'achever, parmi toutes les réformes que nous venons d'indiquer :

D'abord celles qui ont rapport à la réorganisation du personnel naval. Le grade de brigadier dans l'Etat-major général de la marine fut supprimé; les anciennes dénominations, en usage jusqu'ici, de capitaines généraux, chefs d'escadre, etc., furent remplacées par les dénominations employées aujourd'hui partout: amiral, vice-amiral, contre-amiral. Plusieurs autres changements furent également introduits dans l'échelle des grades. On fixa l'ancienneté comme seule règle de l'avancement, depuis le grade d'enseigne jusqu'à celui de capitaine de vaisseau, l'ancienneté encore pour passer du grade de contre-amiral à celui d'amiral, et l'élection de capitaine de vaisseau à contre-amiral. D'après ces réglements nouveaux, les cadres de la flotte espagnole se composent ainsi :

Un amiral.

Six vices-amiraux.

Quatorze contre-amiraux.

Cinquante-quatre capitaines de vaisseaux.

Soixante-quatorze capitaines de frégate.

Quatre-vingts lieutenants de vaisseau de première classe.

Cent soixante-dix lieutenants de vaisseau de deuxième classe.

Un nombre indéterminé d'enseignes de vaisseau et d'aspirants de 1re et de 2me classe.

On s'occupa après du matériel.

Le matériel existant servit de base à l'organisation nouvelle, sans préjudice d'une certaine somme consacrée annuellement à la construction de nouveaux navires.

Voici l'état qui accompagne le décret et fixe les forces maritimes actuelles de l'Espagne :

NAVIRES DE 1re CLASSE.

Sept navires cuirassés.

Dix frégates à hélice.

Trois vapeurs à aubes de 500 chevaux.

NAVIRES DE 2me CLASSE.

Une corvette à hélice de 300 chevaux.

Dix vapeurs à aubes de 200 à 400 chevaux.

NAVIRES DE 3me CLASSE.

Vingt-cinq goëlettes à hélice de 80 à 200 chevaux.

Six vapeurs à aubes de 100 à 120 chevaux.

Sept transports à hélice de 90 à 300 chevaux.

Trois ourques à voiles.

FORCES SUBTILES.

Six canonnières de 30 chevaux.

Six canonnières de 20 chevaux.

Cent dix navires côtiers.

SANS CLASSIFICATION.

Huit remorqueurs.

Quatre navires à voile.

Deux vapeurs.

Total : Quatre-vingt six navires et cent vingt-deux embarcations.

La valeur de cette flotte est estimée à 580,797,000 réaux, soit 145,199,150 francs.

En dehors de ces forces, l'Espagne possède :

Un navire à voile

Une corvette.

Cinq brigantins.

Deux transports.

Un ponton.

Sept vapeurs à aubes.

Une goëlette à hélice.

Deux cannonières de 30 chevaux.

Quatre canonnières de 20 chevaux.

Mais ces navires se trouvent hors de service. Aussi, l'amiral Jopete, désireux d'augmenter le matériel de la flotte, décréta, à la date du 30 janvier dernier, la construction d'une corvette cuirassée dans chacun des trois arsenaux de la Péninsule: Cadix, Le Ferrol et Carthagène.

La réorganisation du personnel et du service de santé fut également activée.

La loi d'avancement, d'après les principes exposés plus haut, fut promulguée le 15 décembre 1868.

Ce travail consciencieux ne demanda au ministre que trois mois de préparation.

Le 2 janvier, l'amiral décida d'établir à flot l'école des officiers de marine celle des mousses, des contremaîtres et des chefs de canon, lesquelles, jusqu'alors, étaient restées à terre, dans l'île de Saint-Ferdinand, contrairement à tous les principes de l'instruction nautique.

Enfin, le 4 février, le ministre aborda la grande réforme, celle qui honorera perpétuellement sa gestion, la création de l'Amirauté.

L'Amirauté espagnole à l'instar de celle de la Grande-Bretagne, a pour but la direction et le gouvernement de la marine. Cette direction se trouve placée, d'après le décret de création, à l'abri de toutes les crises politiques qui, au grand détriment des intérêts publics, amènent les changements de ministères. L'Amirauté est donc une institution très libérale, puisque son autorité est supérieure à celle du ministre lui-même, dont elle contrôle les actes. Grâce à elle, l'unité se trouve réalisée, cette condition de tout bon commandement, par la suppression de tous les centres indépendants où se trouvait éparpillée l'administration navale.

D'après les intentions du créateur, une des grandes préoccupations de l'Amirauté doit être d'affranchir la marine espagnole de la tutelle des arsenaux étrangers, auxquels il a fallu recourir jusqu'à présent pour la construction d'une grande partie du matériel. A cet effet, l'Amirauté doit favoriser le développement des fabriques nationales, l'exploitation des mines et tous les autres éléments nécessaires au progrès de l'industrie navale.

L'Amirauté, créée en vertu des grands principes de la Révolution, sera responsable de ses actes envers les Cortès. Revêtue de toute l'autorité nécessaires et des connaissances spéciales que la marine réclame plus que tout autre service public, elle aura, d'autre part, dans la Chambre, uncontrôle sévère et souverain.

Grâce à elle, on ne verra plus se renouveler en Espagne ce fait déplorable — et si fréquent dans les gouvernements parlementaires — d'un homme politique mis à la tête du département de la marine malgré son incompétence. Sous l'ancien régime ce fait s'est présenté souvent, non sans conséquences désastreuses.

L'Amirauté se compose ainsi :

Un président (le ministre), trois commissaires choisis parmi les amiraux (dont un vice-président), et un quatrième commissaire délégué par les Cortès, et choisi dans le sein de la chambre des députés.

Cette institution doit contribuer puissamment à la régénération de la marine espagnole. Celle-ci deviendra bientôt une véritable force nationale, n'empruntant rien qu'aux ressources du pays, digne enfin d'un royaume qui a 2,125 kilomètres de côtes et d'une puissance coloniale qui est encore la seconde de l'Europe.

Nous ne pouvons que mentionner une foule d'autres réformes accomplies par l'amiral Topete.

Les plus importantes se rapportent à l'instruction navale, à l'inscription, au recrutement, à la division des départements maritimes, à l'organisation de l'infanterie de marine, aux armes navales (1) et à tous les détails si nombreux et si variés qui se rattachent à l'administration de la marine de guerre.

Les rapports qui précèdent chacun des décrets de réforme sont très remarquables au point de vue scienti-

(1) Nous croyons devoir citer, comme un document curieux, le tableau de réforme de l'artillerie navale, proposée par l'amiral Topete.

fique (1). Ils révèlent aussi, chez le ministre, un homme familiarisé avec les principes libéraux et très versé dans les questions de droit international qui touchent la navigation. Ils montrent, enfin, une connaissance approfondie de la situation maritime des puissances étrangères,

D'après ce tableau, cette artillerie se composerait, dorénavant, des pièces suivantes :

CLASSE ET CALIBRE	Poids des pièces	Poids du projectile	Charge maximum
Canon à âme unie de 38 cent.	25.840 kil.	203 kil.	25 kil.
Canon rayé, acier ou fer forgé de 24 cent.	14 840 »	150 »	—
Canon de 22	—	—	—
— 18 n° 1.	7.000 »	—	—
— 18 n° 2.	5.080 »	604 »	9 »
— 16	4.000 »		

Le revolver Kerr a été aboli dans la marine espagnole par l'amiral Topete. On lui a substitué le révolver Lefaucheux, dont la supériorité a été démontrée dans l'expédition du Pacifique.

(1) Le matériel naval espagnol doit se composer a l'avenir, d'après les projets de M. Topete, des classes suivantes:

1° Navires cuirassés d'une grande vitesse, et d'une artillerie puissante, avec ou sans tourelles et arietes.

Ces navires sont destinés aux combats en ligne, à l'attaque des places et aux blocus.

2° Navires cuirassés ayant peu de cale, batteries flottantes, et moniteurs pour la défense du littoral, celle des ports et de l'embouchure des fleuves.

3° Petits navires blindés pour faire le service de croisières.

4° Navires non blindés, d'une grande vitesse pour protéger la marine marchande contre les corsaires.

5° Navires sans blindage, pour faire le service d'avis et cannonières, pour suivre la contrebande et le trafic negrier.

6° Transports non blindés.

M. Topete ne conseille pas la construction de torpilles dont il considère l'usage comme dangereux plutôt qu'utile.

des causes de la grandeur et de la décadence de cette situation, en Espagne et ailleurs, et surtout l'inébranlable conviction que la marine de guerre, à notre époque, est appelée, avant tout, à protéger les relations internationales et à contribuer puissamment, de cette façon, à la fraternité universelle.

Celui qui professe de tels principes est bien un vrai ministre de la Révolution.

FINANCES

Faire une révolution politique, cela coûte cher, plus cher qu'on ne croit.

Nécessairement, le Trésor public subit les conséquences du désarroi administratif, du changement de personnel, de la lutte entre les intérêts privés et les intérêts publics.

La fuite du chef de l'État et de ceux qui géraient les finances produit dans un pays les même résultats que la disparition du patron et du caissier dans une maison de commerce.

L'actif diminue et le passif augmente ; en même temps, le crédit faiblit et l'argent se cache : ceux qui le possèdent savent que les révolutions déplacent les fortunes et ils se mettent en garde contre une telle éventualité en fermant leurs coffres-forts à double-tour.

Ces phénomènes, communs à toute révolution, la Révolution Espagnole y a d'autant moins échappé que le gouvernement déchu laissait les finances dans un état des plus affligeants.

C'est au milieu de cette situation presque désespérée

que M. Figuerola prit possession, au nom du gouvernement provisoire, du ministère des finances.

Le nouveau ministre arrivait au pouvoir précédé d'une grande réputation d'économiste et de jurisconsulte.

Cette réputation, a-t-il su la maintenir? Nous n'oserions l'affirmer, en présence de l'opinion unanime qui condamne son administration; d'autant plus que l'espace nous manque ici pour répondre aux attaques dont M. Figuerola a été l'objet.

Peut-être M. Figuerola, homme de théorie, a-t-il manqué de sens pratique; peut-être aussi l'audace nécessaire en temps de révolution lui a-t-elle fait défaut; ou bien ce sont les circonstances qui, ayant interdit au ministre la possibilité de porter une main radicalement réformatrice dans le budget de la guerre et dans le personnel des autres ministères, ont rendu son œuvre stérile.

Sans discuter ces points, ce que nous pouvons affirmer hautement, c'est que sa gestion a été celle d'un honnête homme et que ni le zèle ni l'activité ne lui ont manqué.

Nous venons de dire la situation où étaient les finances. On aurait voulu que le ministre la changeât en vingt-quatre heures. C'était exiger l'impossible; pour réaliser cela, il fallait un pouvoir surnaturel, et M. Figuerola était économiste, sorcier point du tout. Dans cette extrémité où se trouvaient les finances du pays, il n'a point réalisé des prodiges, sans doute, mais il a, du moins, administré sagement.

Si, au lieu d'une brochure, nous faisions un livre, nous

pourrions montrer, par une statistique rigoureuse, que la Révolution Espagnole est celle qui a coûté le moins cher de toutes les révolutions de ce siècle.

Il faut dire aussi que jamais pays n'arriva à cet état pe crise avec des finances aussi mal en point ; jamais, par conséquent il n'aurait du se produire nulle part un malaise comparable à celui que l'Espagne éprouva à la suite du mouvement. Et cependant la situation de la fortune publique fut loin d'être aussi grave en Espagne à la suite de la Révolution de septembre qu'en France après celles de 1793 et 1848.

M. Figuerola savait à quoi s'en tenir sur ce chapitre ; il prévoyait certainement les résultats de sa gestion, il se rendait compte des difficultés, et il ne pouvait se faire aucune illusion là-dessus. Pourtant, nous le voyons, de gaieté de cœur et par pur patriotisme, accepter cette tâche ingrate, consentir à être le bouc émissaire des désordres et du gaspillage financier de l'ancien régime.

On aurait dû commencer, ce nous semble, par reconnaître un tel désintéressement.

En prenant possession du portefeuille, le ministre s'occupa d'établir un bilan général que nous ne pouvons insérer tout au long, mais dont nous citerons quelques chiffres. Ces chiffres suffiront d'ailleurs à prouver que, sans la Révolution, l'Espagne serait arrivée infailliblement à la banqueroute.

L'ancien régime, qui laissa le Trésor si malade, avait dévoré, en trente-cinq ans de règne :

Les impôts réguliers qui, de 500 millions annuels, s'étaient élevés à 2,500.

Tous les biens de l'Etat.

Ceux du clergé régulier et séculier.

Les fonds de la caisse des pensions et retraites (Monte-Pio).

Les fonds affectés à la bienfaisance publique.

Les biens communaux.

Les existences de la caisse de dépôts.

Une grande partie du patrimoine national affecté à la Couronne.

Un capital énorme, représenté par la dette publique, dont la plus grande partie a été contractée sous le règne d'Isabelle II.

Avec toutes ces ressources, voici la situation où se trouvait le Trésor, à la date du 1er octobre 1868, où le gouvernement provisoire commença sa gestion :

Les créances contre l'Etat s'élevaient au chiffre énorme de 2,514,000,200 réaux (628,500,050 francs).

L'encaisse était de 126,735,549 réaux (31,683,887 fr.)

Les créances en faveur de l'Etat étaient de 352,523,274 réaux (88,130,818 fr,).

Le déficit était par conséquent de 2,161,476 946 réaux (540,369,227 fr.) (1).

(1) En établissant le bilan on releva une créance de trente-neuf millions de réaux, contre Isabelle II, *pour avances*. Ce détail peut servir à se rendre compte du prétendu désintéressement de l'ex-reine, qui, malgré la pénurie du Trésor et l'imminence de la banqueroute ne se contentait pas de percevoir intégralement une liste civile con-

Sur ce déficit, 657,000,000 de réaux (164,250,000 francs), représentaient des paiements urgents et des créances échues ou près d'échoir : créances contre la Caisse de dépôts, avances faites au Trésor par des banquiers et des capitalistes nationaux et étrangers, dépenses courantes du budget, etc.

Placez, en face d'une pareille situation, le premier économiste du monde; exigez de lui que, loin de suspendre ses paiements, il trouve le moyen de se libérer de toutes ses obligations; et si, par une sorte de miracle, il arrive à prévenir la catastrophe fatale, poursuivez-le de chicanes mesquines, au sujet des moyens qu'il aura employés. Il est évident qu'en agissant ainsi vous aurez montré la plus haute injustice; et c'est ce qui s'est fait à l'égard de M. Figuerola.

Son système financier peut être discuté sans doute, mais l'abnégation, le zèle, la droiture dont il a fait preuve ne sauraient être un instant mis en doute, et il est irritant de voir ces qualités méconnues.

Et notez que le ministre avait non-seulement à supporter les embarras de cette situation financière laissée par le gouvernement déchu, il avait encore les difficultés de toutes sortes créées par la Révolution même.

La junte centrale de Madrid, dépositaire du pouvoir souverain, aux premiers jours révolutionnaires, s'était fait avancer une somme de vingt millions de réaux (cinq

sidérable, mais pratiquait encore, à ce malheureux Trésor public, des saignées de cette force.

C'est là le patriotisme des Bourbons, qui, après avoir perdu la couronne partout, restent toujours les rois des égoïstes.

millions de francs), par la banque d'Espagne. D'autres juntes avaient fait de même.

D'autre part, les mauvaises récoltes des dernières années et le désordre universel, inévitable à l'origine de toute révolution, rendaient fort difficile la perception de l'impôt direct. La suppression de l'octroi — l'un des cris de guerre du soulèvement — avait amené dans le budget des recettes un nouveau déficit de deux cents millions de réaux (quarante millions de francs).

La régie du sel et du tabac, ressources très importantes sous l'ancien régime, au lieu d'être modifiées et réformées, comme l'exigeait le nouvel ordre de choses, avaient été supprimées d'emblée, dans plusieurs localités, par les juntes ; et, dans certaines villes, on était allé jusqu'à distribuer au peuple les marchandises trouvées dans les magasins de la régie.

Les douanes n'avaient pas été respectées davantage par les juntes révolutionnaires. Les tarifs avaient été réduits et les commerçants avaient profité de cette réduction transitoire pour faire d'énormes importations de marchandises étrangères, ce qui devait nécessairement diminuer, aussitôt l'ordre rétabli, les recettes douanières.

A tout cela, ajoutez l'insurrection de Cuba, qui venait d'éclater, et les dépenses imprévues et considérables que nécessitait la répression.

Quel tableau ! Et comme les circonstances se prêtaient à ce qu'un ministre tel que M. Figuerola, du fond de son cabinet d'économiste, se mît à élaborer, dans le calme et la méditation, tout un système de réformes financières !

Et pourtant M. Figuerola — que nous ne tenons pas,

encore une fois, à présenter comme un Necker — ne recula point devant cette double tâche : entreprendre le travail de réforme, faire face aux difficultés du moment.

Pour satisfaire les créanciers de l'Etat, il n'avait pas le choix ; il fallait recourir à l'emprunt, de toute nécessité. En conséquence, le 28 octobre 1868, un emprunt de deux milliards de réaux fut contracté. C'était la somme à peu près équivalente au montant du déficit, qui était, comme nous l'avons vu plus haut, de 2,161,476,496 réaux.

Les bases de cet emprunt étaient très sérieuses. Il fut présenté à l'Europe dans un exposé véridique, fait avec une extrême sincérité ; on y expliquait l'économie de la négociation, qui avait pour but de venir au secours du Trésor, en lui procurant les moyens de payer les obligations échues et d'amortir la dette en vingt annuités, moyennant une consignation annuelle de cent millions.

Comme le but principal de cet emprunt était de faire face aux échéances qui représentaient en grande partie le déficit établi par le bilan, le ministre agit sagement, et surtout avec une grande probité, en admettant ces créances comme versement et en délivrant en échange des bons du Trésor créés à l'occasion de l'emprunt.

Enfin, l'emprunt fut réservé de préférence à la souscription nationale. Ainsi, le ministre faisait un appel au patriotisme ; malheureusement, il ne tenait point compte de ceci : que l'argent n'a pas de patrie et que le plus grand nombre des capitalistes qui le possédaient en Espagne devaient leurs fortunes à l'ancien régime, et n'étaient pas disposés à prêter leur appui au régime nouveau.

En cette circonstance, il aurait fallu agir énergiquement, faire comprendre à ces agioteurs ce qu'ils devaient à une Révolution qui aurait pu ne point respecter ces grandes fortunes, la plupart d'origine véreuse.

Mais M. Figuerola n'avait point les qualités d'un ministre révolutionnaire ; son tort est là : homme d'ordre avant tout, soigneux, méticuleux, il fit preuve, ici, d'une modération qui, en toute autre circonstance, eût été fort louable, mais qui constitua peut être une faute grave, dans la crise que l'Espagne traversait.

L'affaire de l'emprunt traîna en longueur. Cependant, vers le mois de février, on avait placé la valeur de 1,715,822,000 réaux nominaux, soit 1,372 millions effectifs. Il ne restait donc plus à placer, approximativement, que 700 millions de réaux nominaux.

Le déficit du Trésor se trouvait réduit au chiffre de 789,476,946 réaux.

En somme, cette opération était parfaitement justifiable comme moyen suprême de tourner les échéances formidables qui étouffaient le Trésor et, surtout, d'éviter la banqueroute. Elle coûta cher, mais l'honneur du pays fut sauvé.

Elle ne suffit point, toutefois, à satisfaire les exigences quotidiennes des dépenses publiques. Une partie des obligations échues restait toujours en souffrance. L'échéance du coupon semestriel de la dette approchait, et les fonds continuaient de manquer dans les caisses de l'Etat.

Le ministre fut forcé de recourir de nouveau au crédit. L'Espagne appauvrie n'offrait aucune ressource, les capitalistes fermaient leurs caisses à la Révolution, reconnaissant de cette étrange façon, comme nous l'avons dit, la générosité de celle-ci. Il fallut bien s'adresser aux banquiers étrangers, qui ne manquèrent pas, bien entendu, d'exploiter le mieux possible cette malheureuse situation.

M. Figuerola négocia donc avec MM. de Rothschild, de Paris, une somme de 290 millions de réaux (72,500,000 francs) en titres de la dette consolidée 3 p. 0/0.

Cette négociation se fit dans des conditions onéreuses; mais ce n'est pas lorsqu'elles se trouvent dans de telles extrémités que les nations obtiennent de l'argent à bon marché.

La responsabilité de ces sacrifices, comme de tous ceux que l'Espagne s'est imposés et devra s'imposer encore pour sortir de ses embarras financiers, retombe toute entière, non sur les ministres de la Révolution, mais sur l'administration bourbonnienne.

Grâce à ce dernier emprunt, on put payer intégralement le coupon de la dette et les obligations courantes des dépenses intérieures. L'opération eut encore pour avantage de relever le crédit public de l'Espagne, que les émigrés bourbonniens s'efforçaient de tuer à l'étranger en répandant les bruits les plus malveillants sur la situation du Trésor et en jouant à la baisse.

Conduite digne de ceux qui avaient provoqué la ruine de leur pays: maintenant, ils poussaient le cynisme jusqu'à spéculer sur ce désastre!

Le ministre dut s'occuper aussi de renouveler les contrats d'avances faites au Trésor sous l'ancienne administration, et de payer celles de ces échéances qui n'admettaient pas de délai. On arriva ainsi à l'époque où les contribuables purent, grâce aux récoltes, venir en aide au Trésor en acquittant en grande partie l'impôt.

Il y eut ensuite une série de négociations avec les maisons de banque étrangères. Nous citerons, pour mémoire, le contrat Fould et Cie, les avances de Mildred, Goyeneche et Cie, et celles de plusieurs capitalistes français.

Cela donna lieu à un nouveau contrat avec la maison Bischoffsheim, passé dans des conditions relativement avantageuses, et qui honore la gestion de M. Figuerola.

Enfin, une négociation avec MM. Erlanger et Cie, de Paris, fut menée à bonne fin. Elle est, à notre avis, la plus désavantageuse qui ait été conclue dans cette période si dure à traverser, où les difficultés, sans cesse renaissantes, ne pouvaient être tranchées que par des moyens extrêmes.

L'Espagne possédait une créance de 144,991,376 réaux (38,247 francs) contre le gouvernement du Maroc. C'était le solde de l'indemnité de guerre fixée par le traité du 30 octobre 1861. La moitié des recettes des douanes du Maroc (dont le chiffre est fort variable) est affectée à l'extinction de cette dette.

La créance fut vendue le 2 janvier 1869, pour la somme de 16,857,325 francs, ce qui représente moins de 50 p. 0/0 de sa valeur. Les acheteurs avancèrent immédiatement cinq millions de francs, à-compte sur le prix total de l'achat, moyennant une garantie en titres de la dette 3 p. 0/0, au cours de 22 et avec un intérêt de 8 1/2 p. 0/0.

On voit, par le simple exposé de ces conditions, que la nécessité absolue de se procurer des fonds, coûte que coûte, immédiatement, peut seule les faire excuser.

Même dans ce cas, il faut admettre encore que le ministre se trouvait dans l'impossibilité la plus complète de se procurer de l'argent par un autre moyen. Il eût été cent fois préférable de se procurer les cinq millions (ce n'était point une somme introuvable) à des conditions encore plus dures, et de ne point aliéner la créance du Maroc avec une perte aussi considérable.

Cette malheureuse affaire fut la dernière que négocia M. Figuerola pendant la période provisoire.

On ne peut dire que cette partie de la gestion du ministre des finances fut brillante.

Les négociations pour se procurer des fonds et réparer les brèches du Trésor révèlent un manque de connaissances pratiques, l'ignorance du monde financier.

D'autre part, ses scrupules à l'égard des capitalistes espagnols, qui, sauf de très rares exceptions, ont si mal répondu à la longanimité que la Révolution a montrée pour eux, prouvent que M. Figuerola manquait de cette audace qui est la première qualité d'un ministre en temps révolutionnaire.

Mais, avant de juger, il faut aussi se rendre un compte exact des difficultés, de l'état où se trouvaient les finances, de l'attitude réservée, hostile même, que prit immédiatement le capital en face de la Révolution.

Cela fait, et le manque d'initiative du ministre une fois admis, on arrivera à excuser bien des choses.

M. Figuerola a eu pour principale préoccupation de remplir scrupuleusement les obligations contractées par l'ancien régime.

Les réformes qu'il fallait accomplir, avant tout, ne

passèrent qu'après. Ces réformes accomplies, M. Figuerola venant au pouvoir eût été un ministre parfait.

Nous voici à la seconde partie de cette administration : la réforme du système financier. Celle-ci mérite plus d'éloges; quoiqu'elle manque de radicalisme, mais la faute n'est pas tout entière au Ministre, qui a dû sacrifier en bien des circonstances ses principes économiques à des exigences politiques.

Une première mesure, mesure excellente, c'est la séparation de la Caisse des dépôts du Trésor.

Quand cette caisse fut fondée, une arrière-pensée présida à sa création : procurer au gouvernement de l'argent à un intérêt modéré.

Dans la suite, les administrations bourbonniennes avaient abusé de cette institution d'une façon immorale. Grâce à cette Caisse, l'ancien régime avait constamment ouvert un emprunt non autorisé par la loi. Ses fonds servaient à couvrir le déficit des budgets mensongers et les dépenses que les Chambres n'avaient point votées.

A cause de cela, le Trésor devait à la Caisse des dépôts la plus grande partie de son déficit.

Le premier soin d'un gouvernement qui se respecte est évidemment de supprimer des institutions aussi illégales ; M. Figuerola pensa ainsi. C'était, en outre, le seul moyen de regulariser l'administration, de délivrer le pouvoir exécutif d'une tentation constante aux époques d'abondance, et le pays d'une menace continuelle dans les temps de crise métallique.

On ne pouvait pas, d'emblée, supprimer la Caisse, mais on pouvait la séparer de son dangereux voisin, le

Trésor. C'est ce que fit le ministre, et en cela il obtint l'approbation de tous les honnêtes gens.

Cependant, il préparait le terrain pour une réforme générale du système d'impôts ; mais on conçoit qu'un tel travail devait marcher lentement, au milieu des préoccupations politiques et des nécessités urgentes, celle, particulièrement, d'élaborer le budget pour le prochain exercice.

Avant tout, dans ce grand travail, il fallait rechercher la vérité, l'étaler au grand jour, dans toute sa nudité, malgré ce qu'elle pouvait offrir de pénible. C'était là un devoir du gouvernement : la nation devait être éclairée et éclairée complétement, elle qu'on avait abusée si longtemps par les faux budgets de l'ancien régime.

Une commission fut nommée ; elle était composée de gens d'une autorité et d'une compétence notoires. Ses travaux portèrent sur la liquidation de l'exercice courant, l'étude comparative des recettes, les économies à introduire dans le budget, l'extinction de la dette flottante, un projet de nouvelle comptabilité administrative, enfin l'organisation de la Cour des Comptes.

Il semble, — si l'on en juge par le résultat immédiat, — que le ministre fut moins bien inspiré lorsqu'il s'agit de remplacer l'octroi par un autre genre d'impôt.

L'institution des octrois, abolie par la Révolution — et fort justement — rapportait cinquante millions de francs au Trésor. A la place de l'octroi, M. Figuerola établit la capitation, ou impôt personnel, qui existe depuis longtemps en Prusse et dans d'autres pays, mais qui faisait son apparition pour la première fois en Espagne.

Sans doute cet impôt est beaucoup plus équitable que celui qu'il rempla ce; en outre, sa perception est bien moins coûteuse; mais en Espagne, où le peuple est encore étranger à toute notion économique, et où la routine règne en souveraine, son établissement devait rencontrer et rencontra en effet de grandes difficultés. Il faut dire que ces mêmes difficultés se présentent toujours et partout chaque fois qu'un impôt direct fonctionne pour la première fois.

Le peuple se plaint amèrement de l'octroi. Cela n'empêche pas que, dans son ignorance, il préfère toujours les contributions indirectes, dont la perception se fait d'une façon plus déguisée que celle de l'impôt direct. La capitation devait, d'après cela, recevoir un fort mauvais accueil. C'est ce qui eut lieu.

Le ministre, cependant, n'en pouvait mais : l'abolition des octrois n'était point son fait; c'était la volonté nationale qui s'était imposée à la Révolution. Cette suppression avait produit un déficit qu'il fallait nécessairement combler, et dans le plus bref délai.

Au fond, la nouvelle contribution n'est point condamnable ; si elle pèche par les détails de son application, il faut tenir compte, en cela, de la rapidité avec laquelle on dut opérer la substitution.

Nous croyons que, moyennant certaines réformes, elle peut être appliquée fort avantageusement et maintenir l'harmonie qui doit régner entre les taxes municipales et les impôts de l'Etat. Nous ne désespérons pas de la voir fonctionner à la satisfaction de tous, après ces remaniements qui sont l'œuvre du temps et le résultat d'études pratiques.

L'opposition formidable que souleva cette réforme prouve jusqu'à quel point il est difficile de changer les institutions financières d'un État. Elle fait ressortir du même coup le mérite des perfectionnements introduits par M. Figuerola dans l'administration; elle explique enfin certaines lenteurs trop légèrement et surtout trop vivement reprochées à ce ministre plein de dévouement et de zèle.

Les réformes se poursuivirent par la suppression de la douane de Madrid, et la réduction, aussi considérable que possible, des attributions fiscales d'autres bureaux contrôleurs de l'intérieur du pays. C'est là une mesure qu'on ne pouvait qu'applaudir. S'il reste quelque chose à déplorer, c'est que le ministre ne soit pas arrivé à donner aux lois fiscales de toutes les provinces une homogénéité qui permît de supprimer les contre-douanes des provinces basques, exclusivement privilégiées sous ce rapport comme sous bien d'autres, depuis un temps immémorial.

La transformation du droit différentiel de pavillon, son abolition décidée dans un délai de trois ans, la suppression de certaines mesures contraires à la liberté de la navigation, ce sont là autant de réformes dont il faut reconnaître le libéralisme. Les peuples étrangers ont dû y trouver la preuve irrécusable du désir ardent qui anime l'Espagne révolutionnaire de resserrer les liens internationaux. D'ailleurs, elles ont eu le sort de toutes les transformations libérales : elles ont provoqué tout d'abord le mécontentement des armateurs espagnols; ceux-ci, en effet, les jugèrent, dès l'origine, contraires à leurs intérêts : ils craignaient un manque de réciprocité.

Tout porte à croire que ces craintes seront vaines; ce

que nous avons dit à propos du ministère des affaires étrangères est de nature à confirmer pleinement cette opinion.

Le gouvernement révolutionnaire saura assurer, par des traités sagement élaborés, les mêmes avantages à la marine nationale que ceux qu'il a assurés aux marines étrangères. Ce résultat est déjà obtenu, d'ailleurs, en ce qui regarde la France, l'Autriche, la Suède et la Norwége.

Nous arrivons à la réforme des tarifs douaniers. M. Figuerola n'osa pas prendre sur lui d'établir révolutionnairement une législation nouvelle en cette matière importante; mais c'est sur les bases qu'il posa que la révolution douanière fût complétée plus tard par l'Assemblée constituante.

Un travail préparatoire analogue fut accompli pour les régies du sel et du tabac. Ces mesures préliminaires, prises pendant les premiers mois de la gestion, facilitèrent l'abolition de ces impôts, laquelle fut décrétée ensuite par les Chambres, d'accord avec les projets du ministre.

Malheureusement, ce qui est reconnu utile sans conteste n'est pas toujours praticable, et ces mesures, toutes rationnelles qu'elles soient, ont soulevé des craintes que nous ne demanderions qu'à trouver dénuées de fondement.

Les réformes financières radicales se traduisent toujours d'une façon immédiate par une diminution dans les recettes, quand il s'agit, au moment où le Trésor est épuisé et sous le coup d'obligations écrasantes, de remplacer d'anciens impôts.

Mais ce n'est point ici qu'on trouvera des reproches à

adresser au ministre : dans l'application des doctrines économistes qu'il professe, doctrines avancées s'il en fut, il a plutôt pèché par excès de timidité que par excès d'audace. En cette occurence, l'opinion publique est seule fautive, en ce qu'elle a réclamé impérieusement des réformes impossibles à réaliser, sur l'heure, sans produire un certain bouleversement.

Le malaise résultant de cet état de choses ne peut, d'ailleurs, être que passager ; ou la science économique est un vain mot, ou ces réformes financières ne peuvent tarder à porter leurs fruits et à exercer une salutaire influence sur le développement de la prospérité publique.

Les demi-mesures du ministère des finances s'appliquent encore à d'autres objets d'une portée moins générale mais d'une importance égale ; ainsi la dette publique et ce qu'on appelle en Espagne les « classes passives. »

L'opinion réclamait l'unification de la dette. Le ministère n'a pu répondre à ce vœu d'une manière complète ; l'unification a été préparée, non accomplie ; en outre, l'on a donné une solution à plusieurs questions pendantes depuis de longues années, et qui formaient autant d'obstacles à la liquidation définitive.

Quant aux classes passives — on désigne sous ce nom, en Espagne, tout le personnel qui reçoit des pensions de l'Etat, — elles sont depuis longtemps le croque-mitaine du budget ; les sommes qu'elles absorbent annuellement sont plus que respectables et un grand nombre de ces pensions sont signalées à l'indignation publique comme n'ayant d'autres titres que la simple faveur.

Ici, M. Figuerola manqua encore d'énergie. Le ministre révolutionnaire se trouva arrêté, comme dans bien d'autres circonstances, par le jurisconsulte.

La crainte de porter atteinte à des droits légitimes l'empêcha de prendre une mesure radicale. Il usa d'un expédient, et confia à une commission le soin de revoir tous les dossiers relatifs à la liquidation des droits passifs.

Cette mission sera peut-être accomplie, du moins nous devons l'espérer. Alors l'Espagne se trouvera délivrée de cette masse de parasites qui rongent la fortune publique; les pensions de l'Etat seront réduites à ce qu'elles doivent être : des secours aux veuves, aux orphelins, à ceux qui ont servi la patrie et que l'âge a rendus incapables de travail; on ne verra plus enfin cet irritant spectacle d'un pays pauvre qui paie quinze et vingt traitements à des titulaires d'un seul emploi.

Mais si ce résultat s'obtient, ce sera l'œuvre du comité et non du ministre, dont le décret à ce sujet est certainement insuffisant.

M. Figuerola, s'inspirant des idées de l'école économiste libérale, dont il est un des membres les plus marquants, accomplit encore diverses réformes ayant pour but de développer la liberté du commerce, la facilité des transactions, l'activité individuelle, et d'augmenter enfin la richesse publique en rendant aux particuliers leur liberté d'action, en les délivrant de la tutelle du gouvernement, toujours préjudiciable.

Voilà, en résumé, l'œuvre du ministre des finances de la Révolution.

Elle n'est point radicale, loin de là. Mais aussi, elle ne

pouvait l'être : on ne transforme pas toute l'économie financière d'un pays en six mois de provisoire. A la rigueur, on peut improviser en politique ; on n'improvise pas en finances.

Malgré tout, il faudra toujours reconnaître que M. Figuerola a rendu à l'Espagne un service immense : il l'a sauvée de la banqueroute, de la banqueroute imminente, certaine, fatale, lors de son arrivée aux affaires. Il a comblé en partie le déficit du Trésor ; il a diminué considérablement la dette flottante ; il a guéri le Trésor d'une plaie qui le rongeait lentement : la Caisse des dépôts.

Il a préparé de grandes et complètes réformes ; il en a réalisé autant que le lui permettaient les embarras financiers. Il a trouvé dans le crédit des ressources pour faire face à toutes les exigences, dans un moment où personne ne croyait un emprunt possible, à cause de l'inquiétude générale et des doutes que la Révolution inspirait.

Il ne mérite pas le titre de réformateur, mais il a droit au respect et à la gratitude de ses concitoyens, d'autant plus qu'il fallait, pour accepter la mission qu'il a accomplie, beaucoup de dévouement et de patriotisme.

Si M. Figuerola a succombé à la tâche, l'opinion publique s'est montrée bien sévère pour lui, le choisissant comme bouc émissaire de ses plaintes, contre un désarroi financier dont il n'était pas responsable.

Le moment est arrivé aujourd'hui de rendre justice à son courage et à ses nobles efforts.

FOMENTO

(INSTRUCTION ET TRAVAUX PUBLICS)

Augmenter la richesse publique, harmoniser entre eux les intérêts matériels de sorte que la collectivité ne gêne pas l'initiative individuelle et n'en soit point gênée ; poursuivre cet idéal : l'instruction parfaite des citoyens en ce qui regarde leurs droits et leur devoirs et le plus grand développement possible des connaissances spéciales ; diriger, solliciter sans relâche l'intelligence nationale dans ce sens ; en un mot, contribuer puissamment à ce que la nation atteigne le maximum de richesse matérielle et intellectuelle, telle est la mission d'un ministre de *Fomento*.

Ils sont rares, malheureusement, ceux dont tous les efforts se portent vers la réalisation d'un pareil programme. Sous les gouvernements réactionnaires, les hommes chargés de cette grande mission font généralement tout le contraire : ils trahissent leur mandat, et le but qu'ils poursuivent est plutôt de mettre des obstacles au développement de l'instruction publique. Toute tyrannie, d'où qu'elle vienne, qu'elle s'appelle autocratie divine ou pouvoir personnel délégué par la démocratie, bhorre l'illustration des masses.

C'est ce que nous apprennent les chiffres des budgets, ces voix d'une éloquence sans pareille pour qui sait les entendre, chez deux nations grandes, riches et puissantes : la France et les Etats-Unis. Voyez et comparez les budgets de l'instruction publique dans les deux pays.

M. Manuel Ruiz Zorilla n'était pas homme à méconnaître les devoirs de cette charge importante que lui confiait la Révolution, lui qui avait si ardemment contribué à la réussite du mouvement.

Esprit hautement libéral, persévérant, habitué à la lutte par toute une vie consacrée à la recherche du progrès, et surtout par trois années d'émigration où il fut le conseiller intime du comte de Reus, M. Zorrilla qui, sachant déjà beaucoup, avait beaucoup étudié, beaucoup réfléchi, beaucoup observé dans l'exil, arriva aux affaires avec la ferme volonté de se montrer, dans toute la force du terme, un ministre de la Révolution.

Et en effet, les réformes, poussées avec une activité infatigable, ne s'arrêtèrent point du jour où il mit le pied dans les bureaux de son ministère jusqu'au jour où il les quitta pour prendre le portefeuille de la justice.

On peut dire — et on a dit —de lui qu'il fut le ministre le plus radical du gouvernement provisoire. Ce jugement si honorable a été confirmé par la presse de toutes les opinions, par les cléricaux qui le frappent d'anathème, comme par les républicains qui applaudissent des deux mains.

Si les progrès de l'instruction publique sont nécessaires dans tous les pays, c'était surtout l'Espagne qui demandait, sous ce rapport, et de la façon la plus impérieuse une réforme complète. L'avenir y est intéressé au plus haut point ; le salut est là, et c'est l'unique façon de prévenir le retour d'un régime odieux, basé sur l'ignorance populaire.

Et cependant, la justice nous commande de dire que la Péninsule, à l'avénement du régime nouveau, était déjà loin de l'état d'abrutissement intellectuel et de misère où le tenait la gouvernement absolu : la période constitutionnelle avait porté ses fruits, malgré la mauvaise foi constitutionnelle du pouvoir exécutif ; le capital, l'intelligence, le travail avaient reçu un certain développement ; la richesse publique avait grandi, le commerce avait pris de l'extension, le nombre des écoles s'était accru ; toutes choses qui avaient affaibli d'autant le pouvoir théocratique (1).

(1) A l'appui de ce progrès, nous nous bornerons, comme d'habitude, à citer quelques chiffres.

Depuis 1824, époque à laquelle Ferdinand VII rédigea le fameux décret qui ordonnait de fermer les universités, et de créer — à la place des chaires de droit, de philosophie et de sciences — des classes de *tauromachie*, pour apprendre l'*art* de tuer des taureaux et pour oublier la *funeste manie de penser* (*sic*), jusqu'au moment de la Révolution, l'Espagne avait marché.

Sans compter le nombre relativement considérable d'écoles, colléges, institutions, séminaires et universités qui avaient été fondés, l'initiative individuelle avait créé soixante-deux sociétés scientifiques qui comptaient 13,835 membres. Ces sociétés avaient ouvert vingt classes d'enseignement primaire, deux de philosophie, quatre de littérature, douze d'histoire et de géographie, une de droit administratif, deux d'agriculture, six de commerce et d'économie politique, vingt-sept de sciences exactes et naturelles, neuf de sciences médicales, quatorze d'idiomes, vingt et une de beaux-arts et quatorze de pédagogie, construction de machines, théorie des tissus et mécanique industrielle.

Le progrès n'était pas suffisant, mais c'était un progrès que notre impartialité nous porte à signaler.

Mais cela n'était rien en comparaison de ce qui restait à faire.

Revenons à l'œuvre de M. Zorrilla. Son premier soin fut de réorganiser son département de la manière la plus logique possible. Il le divisa en deux parties distinctes : Instruction, — Travaux publics, ces derniers avec les subdivisions : Agriculture, Commerce, Industrie. Par cette mesure préalable, M. Zorrilla arriva tout d'abord à réduire d'un tiers le personnel et les dépenses de son ministère.

Un des besoins les plus urgents du pays était, comme nous l'avons dit, la réorganisation de l'instruction publique : il importait de briser au plus vite le joug de fer sous lequel les gouvernements tyranniques avaient tenu l'enseignement. C'est par là que le ministre commença.

Il déclara d'abord l'enseignement primaire *absolument libre* (1) ; en même temps il s'occupa des instituteurs, dont il chercha à relever la dignité, à assurer l'indépendance et la considération. Ces décrets, malheureusement, ne pouvaient pas créer des ressources pour augmenter le traitement de ces utiles fonctionnaires.

Nous aurions voulu voir M. Zorrilla faire un pas de plus, et déclarer l'enseignement primaire non pas *libre*,

(1) Il est opportun de faire remarquer ici un fait curieux qui vient à l'appui du libéralisme de l'Espagne au moyen-âge. De même que la Péninsule fut la première à revendiquer les libertés municipales, par la main de Padilla, de même elle fut la première à jouir de la liberté absolue de l'enseignement.

Pierre le Catholique venant de reprendre Valence aux Maures, publia le code intitulé *Forum Valentinum*, où cette liberté était proclamée de la façon la plus complète. Malheureusement ce code tomba, par la suite, en désuétude.

mais *gratuit et obligatoire*. Sans doute, cette formule n'est pas libérale; elle appartient à l'école socialiste, elle contient une restriction de la liberté individuelle; mais, dans la pratique, la vie sociale étant donnée, avec ses droits et ses devoirs, nous croyons que l'instruction gratuite et obligatoire est d'accord avec la justice et la vérité, et surtout lorsqu'il s'agit d'un pays comme l'Espagne, qui exige à tout prix le développement de l'instruction et qui, pour arriver à ce but, s'épuise en luttes stériles contre la paresse et la routine.

Telle qu'elle est, la mesure prise par le ministre est un progrès énorme, progrès qui s'accentua davantage encore par le rétablissement dans les provinces des écoles normales, supprimées par l'ancien régime comme autant de centres d'illustration et de foyers de libéralisme. D'après le système nouveau, le municipe et la province doivent subvenir aux dépenses de ces établissements et interviennent naturellement pour une très large part dans leur direction, leur organisation, etc.

Le principe de liberté introduit dans l'enseignement se traduit par une série de mesures dont l'énumération serait trop longue.

On s'efforça de créer des ressources afin de doter chaque municipe d'une école nouvelle, au moins. Ces écoles modèles doivent réaliser dans leur construction toutes les améliorations, tous les progrès que l'expérience a signalés. Un concours a été ouvert à cet effet et l'on a institué des prix destinés aux meilleurs projets.

Dans chaque bâtiment d'école on aura soin de réserver un local pour une bibliothèque populaire.

Poursuivant cette idée civilisatrice, le ministre a décrété la création d'un musée de l'enseignement, qui servira aux élèves de l'Ecole normale de Madrid à étudier tous les progrès réalisés par les autres nations.

En un mot, M. Zorrilla a accompli en faveur de l'instruction primaire, dont il a si justement apprécié l'importance, de véritables prodiges administratifs.

Grâce à lui, l'Espagne verra, dans un avenir prochain, le nombre de ses écoles décuplé et elle aura résolu, sur toute l'étendue de son territoire, cet important problème qui préoccupe encore les nations les plus avancées, à savoir : l'établissement à bon marché, et sans grever le budget, d'une bibliothèque publique dans les plus petits villages.

Les résultats du système inauguré par le nouveau ministère ne se sont pas fait attendre, et l'on peut déjà les constater, en ce peu de temps écoulé depuis que l'œuvre d'émancipation a été commencée. Saisis par l'esprit de réforme, stimulés par l'exemple, qui leur venait d'en haut, beaucoup d'instituteurs ont profité immédiatement de la liberté que l'on accordait au professorat, ils ont élargi aussitôt le cadre de leur enseignement, ouvert des classes d'adultes et entrepris sérieusement l'instruction populaire, totalement négligée jusqu'ici.

C'était là aussi, d'ailleurs, une des grandes préoccupations de M. Zorrilla. Le temps lui manqua, pendant la période provisoire, pour mettre à exécution tous les projets qu'il avait conçus à ce sujet. Toujours est-il que, dès le lendemain de son entrée aux affaires, il instituait à Madrid quatre chaires de sciences, arts et économie sociale, exclusivement destinées aux ouvriers et aux artisans, avec des prix pour les élèves qui se distingueraient.

La classe ouvrière a parfaitement répondu à cet appel et l'on peut déjà apprécier les résultats de telles institutions.

L'enseignement secondaire a été développé dans le même sens.

Sous l'ancien régime, cet enseignement n'était que préparatoire aux études supérieures. M. Zorrilla, tout en lui conservant ce caractère, l'a développé de telle façon qu'il constitue le complémemt nécessaire des études primaires et donne la moyenne de connaissances nécessaires à la majorité des citoyens. C'est principalement sur la littérature et les arts que portèrent ces développements.

Mais, pour accomplir ces réformes. M. Zorrilla n'a pas imposé sa volonté ; il a laissé aux députations provinciales (conseils généraux), qui avaient recouvré, ainsi que les municipes, leur juste intervention dans les choses de l'instruction publique, la liberté d'adopter ou non ces changements. Il faut dire que la plupart se sont déclarés immédiatement pour le système nouveau.

On aborda ensuite l'enseignement supérieur. Les universités espagnoles, depuis le XIIIe siècle où remonte leur fondation, comptent dans leurs annales bien des pages glorieuses. De temps immémorial elles jouissaient de grands priviléges ; mais peu à peu ces franchises avaient disparu et l'Etat avait absorbé peu à peu les immunités de l'enseignement. Le gouvernement réactionnaire d'Isabelle II avait porté la dernière atteinte à l'indépendance du professorat, en le poursuivant pour ses opinions, en expulsant ses membres les plus distingués de leurs chaires, gagnées au concours, et devenues par conséquent leur propriété, en introduisant dans le corps enseignant des hommes dévoués à sa politique, sans autre titre que la faveur. M. Zorrilla rendit sa dignité au professorat et la liberté d'examen à la chaire. Il esseya en outre, par des réglements nouveaux, de couper court à d'autres abus invétérés et d'introduire des économies rationnelles dans le budget.

Les attributions et l'indépendance des professeurs furent garanties. Les tribunaux d'examen reçurent une nouvelle organisation qui les libéra de toute influence, en y introdusant le jury, élu sans intervention du gouvernement.

En somme, on favorisa le libre développement des intelligences, que l'ancien régime tenait courbées sous un même joug et plaçait toutes au même niveau ; on enleva autant que possible à l'enseignement son caractère officiel, en autorisant les corporations populaires à créer à leurs dépens des universités et des écoles ; on favorisa l'instruction publique en procurant des ressources à tous ceux qui professent l'enseignement ; on établit enfin, comme seule base des titres académiques, le mérite personnel. Et toutes ces réformes radicales, qui mettent l'Espagne au rang des pays les plus libres, se sont accomplies sans qu'on vît se produire les désordres que des réformes plus superficielles ont excités dans d'autres pays.

Le résultat obtenu aujourd'hui est un sujet de légitime orgueil pour le ministre et pour la Révolution. La classe ouvrière, qui n'avait pas où aller chercher l'instruction il y a un an, possède aujourd'hui un grand nombre de centres d'enseignement qui lui sont exclusivement consacrés. L'empressement du peuple espagnol à répondre à cet appel du libéralisme prouve combien il est désireux de sortir de l'ignorance, source funeste de la décadence et de la servitude, élément fatal sur lequel la réaction s'est appuyé chaque fois qu'il s'agit de provoquer la guerre civile.

Les écoles spéciales ont été l'objet d'une réorganisation sommaire.

Afin d'attirer la jeunesse vers un genre d'études fort négligé en Espagne, on supprima les droits d'inscription de l'école diplomatique.

Le Conservatoire de musique fut démocratisé, transformé en école nationale et l'enseignement musicale y a été modifié de façon à pouvoir rendre des services réels. Les classes de déclamation ont été supprimées, parce que, dit M. Zorrilla, et il dit bien, les conservatoires n'ont jamais produit que des acteurs médiocres et les sacrifices que l'Etat s'impose pour entretenir cet enseignement sont très disproportionnés à l'utilité qu'ils rapportent.

Peut-être le ministre a-t-il été un peu loin, dans cette véritable fièvre réformatrice, en éliminant des universités l'étude de la théologie, et en laissant le clergé seul maître de cet enseignement. Il est vrai que les raisons sur lesquelles s'appuie cette mesure sont des plus puissantes: « L'Etat doit être étranger à tout ce qui n'a pas de rapport avec les fins de la vie temporelle ; on doit éviter les conflits qui résultent pour le gouvernement de la vie commune entre les sciences profanes et la théologie. » Malgré cela, nous craignons que le ministre n'ait dépassé son but en prenant cette mesure prématurément.

La théologie universitaire avait pour correctif le libre

examen, tandis que la théologie, enseignée exclusivement dans les séminaires, deviendra, sans doute, un code d'intolérance, et ainsi sera augmenté l'antagonisme haineux qui n'existe déjà que trop en Espagne, entre le Progrès moderne et l'Eglise catholique.

L'œuvre de M. Zorrilla, pendant la période provisoire, a été couronnée par une mesure de la plus haute importance. Le monde artistique, cette confrérie universelle qui, de tout temps, a réalisé l'idéal de la fusion des peuples civilisés, a contracté envers le ministre révolutionnaire une dette de reconnaissance: M Zorrilla lui a rendu les trésors littéraires, artistiques et scientifiques que le clergé espagnol, dans son égoïsme accapareur, détenait injustement et s'obstinait à soustraire à l'admiration publique.

Il s'agit du fameux décret ministériel qui retire des mains du clergé les richesses enfermées dans ses archives et ses bibliothèques. Il y avait là, dormant inutilement dans la poussière accumulée de plusieurs siècles, d'innombrables monuments de l'art et du savoir humain. Il serait impossible d'énumérer toutes les merveilles ignorées qui, grâce à ce décret, ont été rendues à la lumière. Depuis que cette véritable conquête a été faite, des savants de tous les pays viennent puiser à ces nouvelles sources d'investigations historiques et artistiques.

A ce propos, nous croyons devoir donner un souvenir à l'homme qui tomba sous le poignard d'assassins fanatiques, au moment où il faisait exécuter ce décret, à M. Castro, gouverneur de Burgos. La victime de cet odieux attentat, commis dans l'enceinte même de la cathédrale, comptera désormais parmi les martyrs de l'art.

Pour qu'on juge jusqu'à quel point cette mesure était nécessaire, en dehors des raisons générales que nous venons d'exposer, voici, reproduite littéralement, une partie du rapport de M. Zorrilla, paru en tête du décret :

« Les plus grandes richesses bibliographiques ont été l'objet d'un vandalisme qui fait rougir tout Espagnol doué de quelque instruction.

« Il y a dans le ministère de Fomento, des enquêtes qui prouvent des faits scandaleux et barbares. Voici quelques exemples : Pour 1,000 réaux (250 fr.) on a sauvé du feu, d'après un avis donné par un archiviste, plusieurs quintaux de parchemins inestimables, détournés des bibliothèques et des archives ecclésiastiques d'Aragon, et vendus à une fabrique comme combustible. Les Codes dont se servit le cardinal Cisneros, pour rédiger la « Bible complutense, » furent employés à confectionner des fusées et des pétards ; les plus interresants manuscrits des archives de l'Inquisition de Valence eurent le même sort. Pour une montre en argent et une escopette, on échangea un livre qui fut vendu quelque temps après, au Musée Britannique, 45,000 réaux (11,500 fr). La Bibliothèque nationale a dépensé quelques milliers de réaux à l'achat de manuscrits retirés en fraude des archives des Ordres militaires. Un bibliophile allemand a publié un catalogue où il donne des détails minutieux sur les quintaux des codes et chartes espagnoles vendus à l'étranger. On a découvert enfin, grâce aux recherches infatigables de l'Académie de l'histoire, des archives d'une grande valeur que des corporations religieuses, dans leur sauvage horreur des recherches scientifiques, tenaient sequestrées dans des niches murées, véritables *in-pace* de l'idée. »

De tels faits montrent assez l'esprit de barbarie et d'ignorance qui distingue une partie du clerge espagnol ; et qui ne trouvera pas juste, à la lecture de ces énormités, le décret du ministre révolutionnaire ?

Telle est l'œuvre de M. Zorrilla en ce qui regarde l'instruction publique. On voit que son but a toujours été de donner la liberté à l'idée, d'ouvrir de larges horizons à l'intelligence, de porter la vie littéraire et scientifique dans toutes les couches sociales de faire, enfin, de l'instruction publique le grand levier de la civilisation et du progrès,

Jamais nous n'avons tant déploré les bornes étroites imposées à ce travail qu'en ce qui regarde le ministre de fomento : nous aurions voulu reproduire *in extenso* les considérations élevées qui accompagnent chaque décret et qui constituent à elles seules un cours complet de droit administratif relatif à l'instruction ; la science la plus profonde, l'esprit de justice et de liberté le plus ardent y éclatent à chaque page. Aussi ces avant-propos resteront comme un monument de gloire pour leur auteur et d'orgueil pour la Révolution qui les a inspirés.

Ces documents, tout imprégnés de la meilleure doctrine radicale, resteront comme de magnifiques témoignages que jamais, ni en Espagne ni ailleurs, aucun ministre n'est entré, aussi profondément que M. Zorrilla, dans les questions vitales de l'enseignement.

Voici, d'ailleurs, quelques extraits de ces rapports ; on jugera :

« Puisque l'enseignement a pour but de propager la vérite, il est absurde de l'étouffer entre les quatre murs des écoles officielles. — Le nombre des vérités vulgarisées augmente en raison du nombre de ceux qui enseignent. — Sans doute, les professeurs libres peuvent enseigner l'erreur, mais l'Etat aussi est faillible, et ses erreurs, qui deviennent des dogmes, sont bien plus funestes. — La vérité tarde d'autant plus à se répandre que la liberté est moindre. — Il est injuste de dénier aux citoyens le droit d'enseigner ; c'est là un droit naturel, aussi sacré que le droit au travail. — Il arrivera un jour où l'enseignement officiel disparaîtra; là doit être l'idéal des gouvernements progressistes. — Aujourd'hui, la suppression de l'enseignement officiel est impossible en Espagne, parce que le besoin d'instruction n'est pas encore assez vivement senti dans toutes les parties du pays, et l'on sait à quel risque s'expose un pays qui laisse péricliter l'instruction. Il faut donc stimuler l'enseignement libre, mais conserver l'enseignement officiel sans l'imposer. —Les professeurs libres ont été les promoteurs du progrès scientifique en Allemagne, il faut tacher qu'ils le soient aussi en Espagne.— La liberté d'enseignement exige que la durée des études soit proportionnée aux capacités. L'Etat n'a pas le droit d'imposer la même marche à celui qui est doué d'une conception rapide et se montre assidu au travail, et au paresseux qui, en outre, fait preuve d'une intelligence rétive. — L'Etat manque d'autorité pour condamner telles théories scientifiques ; il doit laisser aux professeurs la liberté d'enseigner ce qu'ils croient la vérité. Donc plus de textes ou livres officiels. »

Nous n'en finirions passi nous devions reproduire toutes les maximes de bonne doctrine que renferment les rapports de M. Zorrilla. Ce que nous venons de citer suffit pour montrer l'esprit de libre examen dont le ministre a donné constamment les preuves les plus éclatantes, et on sait combien il est rare de trouver un tel esprit dans les régions officielles.

Nous voici à la seconde partie de cette gestion, celle qui se rapporte à l'agriculture, au commerce et aux travaux publics.

Ici encore, mêmes principes de liberté et de décentralisation. Ouvrir de nouvelles voies à l'activité individuelle, rétrécir la sphère d'action de l'Etat, tel est le double but ardemment poursuivi.

La première réforme eut pour objet les mathématiques. L'ancien régime, dans sa fureur restrictive, avait voulu faire des mathématiques une science exclusivement officielle. Faire des mathématiques un dogme c'est de la bouffonnerie poussée jusqu'au paroxysme !

M. Zorrilla affranchit les sciences exactes de cette tutelle comique.

Vinrent ensuite d'autres mesures qui décrétèrent :

La liberté des sociétés l'anonymes et abrogation des lois qui s'y opposaient.

Liberté des travaux publics, et autonomie rendue à cet égard à l'individu, à la province et au municipe.

Liberté du courtage dans les transactions de Bourse et de Commerce en général.

Liberté des Bourses, Halles, Marchés, etc.

Nouvelle loi concernant les mines, qui supprime le système immoral des *dénonciations*.

Réforme de l'Ecole d'agriculture.

Liberté d'exportation des ceréales et autres grains.

Réglements préparatoires pour le désamortissement des bois et forêts.

Création des gardes forestiers.

La plus importante de ces réformes est celle qui concerne la liberté des travaux publics et abolit le monopole de l'Etat, digne d'une nation encore dans l'enfance.

Ce monopole, comme celui de l'enseignement, comme celui d'une religion unique et officielle, sont le fait de l'absolutisme, de l'unité centralisatrice, de ce qu'on pourrait appeler, comme le dit très justement M. Zorrilla, le panthéisme administratif.

La contre-partie de ce monopole, c'est la liberté absolue.

Entre les deux, il y a un terme moyen qui marque la période de transition où l'État n'entreprend plus que les travaux exceptionnels, laissant pour tous les autres liberté entière à l'industrie privée et n'intervenant plus entre les particuliers que pour les protéger et juger leurs différents.

Cette période est celle que l'Espagne traverse et que M. Zorrilla a réglementée par des décrets, dont le but principal est de presser l'avènement de la période radicale, où l'État s'efface totalement.

D'après ce principe, le décret dont nous parlons — les Cortès lui ont donné force de loi — commence par décider que toutes les fois qu'une personne, — soit individuellement, soit collectivement, — entreprendra un travail public sans demander ni subvention ni expropriation, l'État n'aura nullement à intervenir dans l'exécution de ce travail, laquelle sera complétement libre, quelle que soit l'importance du projet, et il n'exigera ni concession ni autorisation préalable.

Tel est le premier article de la loi. Dans les articles suivants, il est question du domaine public. Le ministre laissa aux Cortès le soin de décider si ce domaine doit, oui ou non, exister. Mais son existence admise, il fallait tout d'abord supprimer les difficultés que l'on avait pour obtenir l'autorisation de constructions intéressant le domaine. L'autorité nécessaire pour accorder cette autorisation fut déléguée à des agents départementaux ; on abolit l'approbation, jusqu'ici nécessaire, des plans et des projets ; on réduisit enfin les concessions aux limites où l'œuvre projetée touche au domaine public.

La loi s'occupe ensuite de l'expropriation. Le ministre s'abstient également de décider, de son autorité privée, si l'expropriation est ou n'est pas équitable. Elle existe, il la reconnaît et il cherche à l'entourer de toutes les garanties possibles de justice et de moralité. A cet effet, il soumet toute demande d'expropriation à de minutieuses formalités de contrôle et de publicité, et il laisse au service des expropriés, pour la défense de leurs droits, tous les degrés de la juridiction. Ici les longues formalités sont conservées, parce qu'il s'agit de protéger un droit privé et sacré, le droit de propriété. Les entrepreneurs peuvent cependant, pour éviter les retards, traiter à l'amiable de l'acquisition des terrains qu'ils désirent avec leurs propriétaires.

Il s'agissait de donner, au point de vue des travaux publics, leur autonomie à la province et au municipe.

La loi résolut le problème de décentralisation en faisant de la province et du municipe des personnes civiles, et en les assimilant aux citoyens pour les travaux publics. Enfin, elle ordonne la classification des œuvres publiques, la vente de toutes celles qui ne sont pas d'une utilité vraiment nationale, et supprime les subventions de l'État.

En somme, c'est l'abolition du monopole de l'État dans les travaux publics.

L'espace nous manque pour donner une analyse de la loi sur la liberté du courtage. Il va sans dire qu'elle est basée sur le même principe de l'initiative individuelle. Faisons remarquer seulement que, d'après le premier article, les Espagnols, comme *les étrangers*, peuvent être agents de change, courtiers ou interprètes sans autorisation préalable, examen ni cautionnement ; ceci n'empêche nullement l'existence des agents et courtiers officiels, qui, seuls, ont le caractère d'officiers publics, mais dont le ministère ne peut en aucune façon être imposé aux parties contractantes. En un mot, c'est la consécration de ce principe : — les particuliers doivent veiller par eux-mêmes à leurs intérêts, ne point s'en rapporter à l'État ni être soumis à sa tutelle.

Le décret sur les mines, dont nous ne dirons que peu de mots, était des plus nécessaires. L'Espagne possède des richesses minérales considérables, dont l'exploitation n'a pas été faite convenablement jusqu'ici, à cause des lois restrictives et absurdes qui régissaient cette matière.

Dans le rapport joint au décret, M. Zorrilla étudie les questions, assez complexes, qui se rattachent à l'exploitation minière ; il discute le domaine public, la possession du sous-sol, etc., etc., mais il conclut en respectant l'état de choses existant et en reconnaissant que le sous-sol, et par conséquent les richesses minérales qu'il renferme, appartiennent à l'État.

Afin de sauvegarder le droit de propriété et écarter une des causes principales qui empêchent le développement de l'exploitation, il abolit les *dénonciation*. On désigne ainsi une pratique abusive, reconnue jusqu'ici par la loi, et d'après laquelle le premier venu pouvait revendiquer l'usufruit d'une mine appartenant à un tiers, en *dénonçant* celui-ci comme ayant arrêté les travaux pendant un certain laps de temps. La nouvelle loi rend inviolable la propriété des mines, et, pourvu que l'on paie l'impôt y attaché, laisse libre le titulaire de les exploiter, ou non.

Naguère, pour obtenir l'autorisation d'exploiter, il fallait une longue série de formalités; tout cela se trouve, sinon supprimé tout à fait, du moins considérablement simplifié. Moyennant le payement d'une redevance, chacun est libre d'exploiter, à ses risques et périls, les terrains où il croit que se trouvent des gisements.

Est également déclarée libre, sans impôt, l'exploitation des carrières et de tous les gisements qui fournissent des matériaux de construction, sauf le cas où ils se trouveraient enclavés dans une propriété particulière ; alors il y a lieu à une cession, faite au nom de l'État, aux propriétaires des terrains sous lesquels les carrières se trouvent placées.

Tous ces décrets forment, comme on voit, autant de déclarations de principes qui doivent être développés par la nouvelle législation, dont les Cortès seules peuvent achever l'œuvre.

Ce sont aussi autant de jalons qui marquent la nouvelle voie où l'Espagne s'est engagée ; sur ce large et magnifique chemin, on voit marcher le Progrès, escorté de la Liberté et du Droit.

L'infatigable activité du ministre des travaux publics ne s'est pas arrêtée là ; il y avait des réformes à accomplir relativement aux chemins de fer, aux cours d'eau, auxports,(1) etc. M. Zorrilla a trouvé le moyen de s'occuper de tout cela et il est arrivé à accomplir une œuvre vraiment prodigieuse. Aussi nous nous plaisons à proclamer en lui une des gloires les plus incontestées de la

(1) Toutes ces réformes sur les travaux publics intéressent grandement l'étranger et nous regrettons de ne pas pouvoir en parler plus longuement dans ce travail sommaire. Nous conseillons aux actionnaires français de se procurer les moyens de les étudier à fond. Voici une statistique dressée d'après des documents officiels, et qui se rapporte à des valeurs placées pour la plupart en France.

Le capital nominal, en actions, des compagnies réprésentant les entreprises de travaux publics espagnols, s'élevait à la fin de décembre 1868, à la somme de 4,259,981,100 réaux (1.064,987,775 fr.).

Il y avait pour 3,005,550,390 réaux (751,387,597 fr.) d'actions émises. Les obligations négociées étaient au nombre de 2,972,979, représentant 5,685,041,600 réaux nominaux, et ayant produit, en réalité, 1,893,118,220 réaux (473,279,055 fr.). Le montant des subventions payées par le Trésor public était, à cette même date, de 1,382,284 réaux (345,571,000 fr.).

Il y avait 5,108 kilomètres de chemins de fer en exploitation, 662 kilomètres de Canaux également en exploitation, 529 kilomètres en construction et 805 projetés. Cela donne la mesure de l'insuffisance de la canalisation actuelle.

Les canaux on fait en 1868 une recette de 5,175,810 réaux; le chiffre des dépenses a été de 2,817,970 réaux.

Quant aux chemins de fer, leurs recettes se sont élevées à 319,364,690 réaux et leurs dépenses à 172,190,130 réaux. Comme on voit il n'y a guère de proportion; à ce compte, l'intérêt des obligations n'arrive pas à être couvert, et même, sur quelques lignes secondaires, le chiffre des dépenses excède celui des recettes.

Le prix de revient, en moyenne, des chemins de fers espagnols, est de 1,318,620 réaux (329,655 fr.), chiffre énorme, et qui explique la mauvaise situation financière des voies ferrées de la Péninsule, dont la construction a donné lieu à une infinité d'abus. La responsabilité en retombe, d'ailleurs, toute entière sur les administrations passées qui les ont tolérés, et sur les administrateurs des compagnies, en grande partie étrangers, qui se sont rendus complices de ces spoliations déguisées contre les naïfs actionnaires et qui ont jeté, plus tard, la responsabilité des désastres que cette conduite a amenée sur le dos du pays, qui n'y était pour rien.

Révolution de septembre ; il a fait plus en quatre mois, pour l'émancipation de l'instruction et du travail, que ses prédécesseurs ne firent pendant trente-cinq ans de régime pseudo-constitutionnel.

Nous ne pouvons terminer plus dignement ce chapitre ni résumer plus justement notre jugement qu'en citant ce passage d'un rapport du ministre aux Chambres :

« En persistant dans cette voie, en complétant l'œuvre de décentralisation, en rendant complète la liberté individuelle, complète l'autonomie de la province et du municipe en fait de travaux publics, bientôt les Cortès pourront ordonner la suppression du ministère de Fomento, comme une institution devenue inutile.

« Ce sera là un progrès, car l'idéal du progrès consiste à rendre les citoyens tels, qu'ils puissent jouir d'une liberté entière, sans que la nécessité de lois restrictives se fasse sentir pour prévenir les abus. »

Utopie peut-être : mais c'est en tenant le regard fixé sur des utopies pareilles que l'on fait marcher les peuples en avant.

JUSTICE ET CULTES

Voici un ministère dont il est regrettable qu'on ne puisse approuver entièrement la gestion. Sans doute, M. Romero-Ortiz, qui a tenu ce portefeuille pendant toute la période provisoire, est un homme digne de haute estime, jurisconsulte distingué, dont le bon vouloir réformiste n'est point discutable.

Mais ce que nous avons dit de M. Figuerola, ministre des finances, est applicable ici : M. Romero a manqué d'initiative dans les questions capitales. En revanche, il est allé un peu loin dans certaines mesures de détail, outrepassant, violant par cela même les principes libéraux qui reposent sur une base immuable : l'équité.

Dans un exposé lucide qui précède le compte-rendu de sa gestion, le ministre de la justice prétend qu'il n'a pas voulu anticiper sur les décisions de l'Assemblée souveraine, ni empiéter sur ses droits.

Nous approuvons cette réserve, et nous ne pouvons qu'y applaudir, en ce qui touche aux choses constitutionnelles; nous comprenons qu'il ait laissé aux Cortès les questions de la liberté des cultes, du mariage civil et tant d'autres problèmes fondamentaux, mais nous n'admettons nullement cette excuse, en ce qui regarde la partie administrative; ici il mérite le blâme pour n'avoir pas osé être plus radical.

L'organisation du personnel du clergé, par exemple, grève le budget d'une façon excessive et constitue un grave préjudice, un scandale, un perpétuel danger pour la liberté nationale (1). Nous ne pouvons non plus approuver les décrets d'abolition, portés contre les jésuites et les conférences de Saint-Vincent-de-Paul ; ces ordonnances qui, sans doute, avaient une raison politique, n'en sont pas moins contraires à cette liberté d'association, inscrite par la Révolution sur son drapeau.

Mais n'anticipons point; examinons, suivant leur ordre, comme nous l'avons fait dans tout le cours de ce travail, les actes administratifs du ministère de la justice.

Cette gestion était appelée à résoudre de graves problèmes ; les uns touchaient aux relations entre l'Eglise et l'Etat, et leur solution devait faire résonner la corde la plus intime et la plus sensible du cœur humain : le sentiment religieux. Les autres intéressaient la propriété, la

(1) L'entretien du culte catholique, coûte, en France, d'après le budget de 1868, 46,132,350 francs. Les autres cultes subventionnés coûtent 1,973,636 francs. L'administration centrale des cultes dépense en outre 264,480 francs. Ce qui forme un total de 48,374,386 francs.

La population de l'empire étant de 38 millions d'habitants, il en résulte que l'entretien du culte revient à chaque citoyen français à 1 fr. 27 centimes.

En Espagne, le budget des cultes absorbe une somme de 176,500,000 réaux (46,337,500 fr.). La population est de 16 millions. Chaque Espagnol paie donc 2 fr. 89 centimes, c'est-à-dire près de deux fois et demie ce que paie un Français. Cette différence est d'autant plus sensible que la richesse est beaucoup moindre en Espagne qu'en France.

Notez que le clergé français des différents cultes est mieux payé que le clergé espagnol, et que les soins matériels du culte sont bien plus négligés en Espagne, et vous comprendrez que le mal provient de l'excès du personnel.

sécurité individuelle, la famille, c'est-à-dire tout ce qui constitue la société.

Le labeur constant auquel se livra M. Romero Ortiz ne put faire autre chose que poser les jalons qui traçaient la route à suivre pour arriver à trancher ces importantes questions.

Un de ses premiers décrets retira aux communautés religieuses la faculté d'acquérir et de posséder des biens. Cette mesure se trouvait justifiée autant par la légalité que par les convenances politiques.

Ce droit de possession des communautés, si contraire à l'esprit moderne et irrévocablement condamné à la fois par la saine politique et par l'économie sociale, avait été retiré aux congrégations religieuses par la loi de 1837, qui décréta le désamortissement et fut une des œuvres immortelles du plus grand financier que le parti progressiste ait possédé en Espagne, de l'illustre Mendizabal. Le dispositif de cette loi avait été consacré par l'Eglise au moyen du concordat. C'est en violant tous ces réglements que le cabinet Gonzalèz-Bravo avait rendu aux communautés le droit de possession, juste un mois avant que la Révolution n'éclatât.

Pour ceux qui ont suivi, même d'une façon sommaire, l'histoire d'Espagne dans tous les temps, même au moment où nous écrivons, il n'est pas douteux qu'en dehors des inconvénients qui entraînent l'amortissement, il y a, dans ce droit de propriété accordé aux congrégations religieuses, un danger permanent pour les libertés publiques. Ce sont ces associations qui ont fourni, en tout temps, les ressources dont la réaction s'est servie pour provoquer la guerre civile et détruire les conquêtes libérales. M. Romero Ortiz resta donc dans l'esprit de la Justice et de la Révolution en rétablissant dans toute sa force une loi de l'Etat que l'ancien régime avait effrontément violée en l'abrogeant par un simple décret.

Du reste, cette mesure devait prévenir bien des désordres. Contrairement à l'opinion généralement reçue, le peuple espagnol nourrit contre les moines un ressentiment profond; il sait toute la part qu'ils ont prise à son esclavage; son courroux éclatait déjà quand M. Romero rendit ce décret : on avait commencé à démolir les couvents et à en chasser ceux qui, malgré les lois, s'y étaient réinstallés.

Les massacres de moines de 1833 n'auraient pas manqué de se renouveller sans la mesure due à l'initiative du ministre de la justice.

La suppression de la compagnie de Jésus et la diminution des autres ordres religieux qui, peu à peu, avaient fini par envahir de nouveau la Péninsule, sont aussi des dispositions parfaitement légales et conformes à la loi écrite aussi bien qu'aux intérêts politiques.

La raison donnée plus haut nous empêche néanmoins de leur donner une approbation sans réserve; en effet, elles empiètent sur un des droits fondamentaux proclamés par la Révolution : le droit d'association.

Mais si l'on songe à tout le mal que ces corporations ont fait à l'Espagne, il est impossible de se montrer sévère pour de telles mesures, d'accord, malgré tout, avec le sentiment de notre époque.

La dissolution des conférences de Saint-Vincent-de-Paul nous paraît moins excusable, non-seulement parce que cette association avait un but de bienfaisance, mais encore parce qu'elle possédait un caractère presque civil. Sans doute, l'esprit qui régnait dans son sein était loin d'être libéral, son organisation se prêtait à des influences cléricales qui pouvaient la détourner, et la détournèrent en effet, en plus d'une occasion, de son but charitable; mais il fallait modifier ses réglements, surveiller ses actes, lui appliquer sévèrement la loi commune quand elle s'écarterait de la légalité, et non point la mettre hors la loi ni la priver d'un droit qui allait devenir constitutionnel.

Toutefois, il faut s'empresser de reconnaître l'esprit progressiste qui animait M. Romero Ortiz. A défaut d'autres preuves, il suffirait de considérer l'irritation que ces mesures produisirent parmi les cléricaux pour se convaincre de leur portée libérale. Nous ne les avons critiquées qu'au point de vue absolu du droit démocratique. Mais il faut faire la part des temps révolutionnaires, temps exceptionnels, où cette maxôme devient applicable : « *Salus populi suprema lex est.* »

Même, s'il y a un reproche sérieux à adresser au ministre, c'est peut-être de ne pas s'être rappelé assez cette maxime dans toute sa gestion religieuse, c'est d'avoir été trop conservateur en plus d'une circonstance.

Sans empiéter sur l'œuvre du législateur, sans sortir de la sphère administrative, il aurait pu diminuer le personnel du clergé, surtout en haut de la hiérarchie, et réduire ces innombrables chapitres, cathédrales, collégiates, etc., qui s'étaient abattus comme des nuées de sauterelles sur le sol épuisé de l'Espagne; il aurait pu surtout faire en sorte que l'Eglise espagnole ne continuât plus à être l'asile de l'ignorance et de la paresse. Sous ce rapport, le clergé d'Espagne offre un phénomène dont il n'y a pas d'exemple dans les autres sociétés.

Toujours on a vu la suprématie théocratique s'appuyer sur la supériorité intellectuelle; toutes les tyrannies qui, du pied de l'autel, se sont exercées sur le monde, depuis les prêtres d'Isis, les mages de Zoroastre, les sacrificateurs de Brahma, jusqu'aux disciples de Loyola, tous ont tiré leur force de leur science supérieure à celle du temps.

En Espagne, le phénomène contraire s'est présenté. Sauf quelques exceptions — les Eugène, les Isidore, les Ildefonse, les Cisneros, les Mariana et quelques autres savants— on peut dire de l'Eglise espagnole, surtout pendant la domination des maisons d'Autriche et de Bourbon, qu'elle a été à la fois et la plus ignorante, et la plus influente de toute la chrétienté.

A cela on ne peut attribuer d'autres causes que la faiblesse du pouvoir civil, représenté par des monarques fanatiques ou imbéciles, tels que Philippe II, Charles II, Charles IV, Isabelle II, et l'abrutissement du peuple, soigneusement entretenu par le despotisme politique uni au despotisme religieux.

A défaut de l'histoire, les événements actuels suffiraient à prouver la vérité de ce que nous avançons. En effet, à quoi attribuer, sinon à l'ignorance et au fanatisme, le soulèvement de ces bandes carlistes commandées par des prêtres et qui ont encore en 1869, pour cri de ralliement, cri de défaite aujourd'hui, des paraphrases du fameux : « *Nous voulons des chaînes!* » qui fut la barbare devise des partisans de l'absolutisme sous Ferdinand VII ?

Donc, le premier soin de la Révolution, le premier devoir de son ministre des cultes et de la justice, était de garantir la liberté du christianisme, la liberté de ses principes, en terrassant l'influence cléricale.

Pour cela il fallait, nous le répétons, diminuer le personnel du clergé, veiller à son instruction et contrôler sévèrement sa conduite.

Voilà ce que M. Romero Ortiz n'a point fait et ce que notre impartialité nous ordonne de signaler.

Le ministre de la justice fut-il plus heureux dans les mesures prises pour protéger la propriété et la sécurité individuelle? Nous n'oserions l'affirmer, et cependant M. Romero Ortiz fit de grands efforts pour sauvegarder ces droits élémentaires. Mais il avait contre lui une force irrésistible, dont aucun gouvernement provisoire n'a jamais pu triompher du premier coup : la force dissolvante de la Révolution.

Tout ce qu'on a pu faire en de telles circonstances, c'est de modérer les élans, de prévenir les excès; M. Romero Ortiz est parvenu à obtenir ce résultat, ce qui suffit à sa réputation de droiture et même d'énergie. Il a lutté, et il a maintenu souvent la loi prête à tomber; en de pareilles crises, il n'est pas donné à tous les hommes publics de pouvoir se mettre en face du peuple déchaîné et d'arrêter ses débordements.

Bien que la Révolution espagnole, ait été, comme nous l'avons dit précédemment, très modérée, en comparaison de toutes celles qui se sont accomplies ailleurs, elle n'en a pas moins fourni l'occasion de certains attentats à la propriété et à la sécurité individuelle. Sous prétexte de socialisme, de faux apôtres démocratiques ont préché, dans les provinces du Midi, le communisme le plus barbare, et, se couvrant du manteau de la liberté, des assassins, des voleurs, des gens qui ne poursuivaient d'autre but qu'une vengeance privée ou la satisfaction d'instincts rapaces et sanguinaires, ont commis bon nombre de forfaits.

L'énergie du gouvernement provisoire a eu raison de ces tendances dissolvantes à Malaga, à Xérès et à Cadix où elles s'étaient généralisées et avaient pris un caractère collectif. M. Romero Ortiz, de son côté, poursuivit à outrance les méfaits isolés.

Il ne put couper le mal dans sa racine, parce que c'était impossible et que l'on ne peut empêcher complétement des choses qui sont la conséquence naturelle, logique, de l'effervescence et du désarroi révolutionnaires, mais il le renferma dans d'étroites limites.

Un singulier revirement, aussi inexpliqué qu'inexplicable, s'est produit dans la presse française, au sujet de la Révolution Espagnole, si louée et si admirée d'abord ; il a pris son point d'appui dans les excès que nous venons d'enregistrer, mais nous savons que de telles vicissitudes ne prouvent rien autre chose que la versatilité, la passion, l'intérêt quelque fois et la légèreté souvent, avec la quelle on traite dans certains journaux les questions étrangères. Malgré tout, la Révolution espagnole a été et restera une œuvre de sagesse et de modération ; elle est fort loin encore, dans tous les cas, de cette Révolution française de 1848, dont un écrivain libéral, M. de la Guéronnière, trace ainsi le tableau :

« Avec les nouvelles arrivées des départements, un mouvement unanime de douleur et d'indignation avait éclaté à Paris. Le brigandage venait de lever son drapeau. Des bandes d'assassins parcouraient les campagnes, marchaient sur les villes, envahissaient les maisons particulières, pillaient, brûlaient et tuaient, semant partout l'horreur de crimes abominables qui nous reportaient aux jours les plus néfastes de la barbarie. Ce n'était plus le fanatisme, qui se trouve malheureusement dans les luttes de parti, c'était un cannibalisme dont les imaginations ardentes ne parvenaient même pas à se rendre compte. »

Les décrets de M. Romero Ortiz eurent une heureuse influence sur cette période critique et contribuèrent pour une large part à maintenir l'empire de la justice, que certaines catégories d'individus sont toujours prêts à méconnaître en temps d'agitation.

Il commença par soutenir le principe d'autorité, foulé aux pieds par plusieurs juntes révolutionnaires, en annulant quelques actes émanés d'elles sans autre règle que l'arbitraire ; il maintint les subdivisions judiciaires qu'elles avaient supprimées et supprima celles qu'elles avaient créées. Il agit de même au sujet de la nomination et de la destitution d'un grand nombre de fonctionnaires de l'ordre judiciaire.

Il maintint encore l'uniformité de la législation civile et pénale, que quelques juntes avaient troublée par des changements violents introduits dans le Code et dans la procédure, sans autre but que d'affirmer leurs tendances d'autonomie fédérale.

Ces mesures, prises le lendemain de la Révolution, quand l'agitation était encore toute puissante, exigeaient un certain courage ; mais ce qui honore surtout la gestion de M. Romero Ortiz, c'est l'amnistie qu'il accorda, en vertu des pouvoirs extraordinaires dont il se trouvait investi, pour tous les délits politiques, et la réduction de presque toutes les peines afflictives encourues par les criminels ordinaires.

Il établit, par un decret, l'unité de juridiction pour tous

les Espagnols, en matière civile et criminelle, ce *desideratum* de toutes les Constitutions nationales depuis 1812. Ce fut un grand pas vers l'uniformité de la jurisprudence, et un progrès en faveur de la protection du droit privé et de la prompte répression des crimes. Ceux qui connaissent la quantité de Codes et de privilèges judiciaires qui existaient en Espagne, par suite de l'ancien morcellement du pays et de ses crises historiques, pourront seuls comprendre la grande portée de cette mesure.

Les juridictions financière (contravention aux lois du fisc, contrebande, etc.) et commerciale, furent totalement abolies ; les juridictions militaire, maritime et religieuse, réduites chacune exclusivement aux affaires de son ressort particulier.

Pour garantir la sécurité individuelle, le ministre, anticipant sur les dispositions libérales de la Constitution, assimila, par décret, à la prison, la séquestration arbitraire des citoyens.

Parmi d'autres ordonnances que nous ne pouvons mentionner toutes, il en faut citer une qui eut pour but d'abolir une loi restrictive et assez inique, éditée par l'ancien régime contre le vagabondage.

L'administration bourbonnienne avait fait de cette loi une arme à deux tranchants qui était venue renforcer l'arsenal déjà si riche de ses mesures préventives et inquisitoriales.

La loi fut abrogée par M. Romero, partageant l'opinion des jurisconsultes les plus illustres, qui considèrent le vagabondage comme une occasion de délit, non comme un délit par lui-même. La sécurité de l'Etat est loin d'exiger que les vagabonds soient emprisonnés par précaution, et la liberté individuelle est méconnue chaque fois que l'on arrête quelqu'un uniquement parce qu'il se trouve en état de vagabondage.

Pour compléter ce rapide aperçu des travaux si divers de M. Romero Ortiz, disons quelques mots des projets qu'il présenta à la discussion des Constituantes.

Le premier avait pour but de seconder la liberté du crédit foncier, décretée par le ministre des finances, moyennant une réforme de la loi hypothécaire. Il s'agissait d'entourer de telles garanties les certificats souscrits par les Régistrateurs de la propriété, que ces documents fussent considérés, dans tout genre de transactions, comme des titres de la dette publique.

Ce grand travail ne saurait être commenté ici ; bornons nous à dire qu'il est basé sur des principes d'une haute sagesse, qu'il a obtenu l'approbation des hommes les plus compétents, enfin qu'il est venu combler une lacune constituant un obstacle invincible à l'établissement du crédit foncier, et, par conséquent, au développement de la richesse publique.

Cette institution du crédit foncier provoque de légitimes et honorables convoitises chez les capitalistes étrangers, en quête d'affaires sérieuses et lucratives. Avant de fixer leurs projets sur l'établissement des banques hypothécaires en Espagne, ils feront bien d'étudier avec soin la loi de M. Romero, dont nous ne pouvons donner ici qu'une idée fort imparfaite.

La réforme de la corporation des notaires, et de ses tarifs, qui furent mis d'accord avec le nouveau système hypothécaire, la création d'archives générales des protocoles dans chaque district notarial, la réforme du Tribunal suprême de justice, la réorganisation de la section législative du ministère de la justice, chargée de collationner les nombreux Codes qui ont réglementé l'administration judiciaire en Espagne, afin de préparer ainsi l'unité absolue des lois dans toute la Péninsule, enfin la rédaction d'un nouveau Code civil, tels furent les derniers actes du ministère de M. Romero Ortiz.

Le dernier de ses travaux est d'une importance capitale et suffirait à lui seul à la gloire d'un ministre. Le Code civil s'est trouvé, mis en harmonie, non-seulement avec les conquêtes de la Révolution, mais encore avec les Codes des autres pays libéraux de l'Europe.

Le ministre a suivi en cela l'esprit de notre époque, qui tend à l'uniformité législative dans toutes les nations.

Dans ce nouveau Code, la question religieuse et celle du mariage civil, résolues dans un sens libéral par les Constituantes, sont réglementées d'une façon très équitable et très intelligente.

De l'analyse que nous venons de présenter on doit conclure que, si le ministre *révolutionnaire* de la justice n'a pas fait tout ce que comportait la situation, il a, du moins, rempli son mandat d'une façon honorable en ce sens qu'il n'est pas resté un instant inactif, et que toutes ses résolutions portent l'empreinte d'un libéralisme sage et pratique, le seul fécond, parce qu'il est seul susceptible de se consolider.

OUTRE-MER — COLONIES

Les colonies espagnoles — hypocritement affublées, sous l'ancien régime, du titre de provinces d'Outre-mer — sont au nombre de six : Cuba, Porto-Rico, les Philippines, Fernando-Po, Annòbon et Corisco, qui forment un seul groupe.

La plus importante est l'île de Cuba, non par l'étendue de son territoire (les Philippines sont plus grandes et plus fertiles), mais à cause du développement que l'agriculture et le commerce y ont acquis. Elle a 648 milles de long sur 107 de large ; c'est la plus grande des Antilles. Elle est située vers l'Ouest, par rapport à toutes les autres îles du même archipel. La population est de 2,150,000 habitants. En 1580, elle comptait à peine 16,000 âmes. On voit que la progression a été rapide. La Havane, capitale de l'île, possède à elle seule 500,000 âmes. Le cosmopolitisme de cette ville ne le cède en rien à celui des cités les plus renommées des États-Unis.

Les esclaves de Cuba sont au nombre de 370,000 et les gens de couleur libres de 250,000.

Les principales productions sont le sucre, le tabac, le

café, le coton, l'indigo et les cuirs. Les forêts fournissent en abondance l'acajou, le cèdre, l'ébène, le limonier et plusieurs autres bois précieux. Il y a en outre des mines de cuivre, de fer et de charbon. Nous ne pourrions chiffrer en détail ces richesses sans sortir des bornes que nous nous sommes imposées.

La valeur annuelle de la production totale est estimée en moyenne, depuis les six dernières années, à 750 millions de francs.

Porto-Rico, celle des grandes Antilles que son importance place immédiatement après Cuba, a un territoire de 10,376 kilomètres carrés (150 kilomètres sur 70). C'est une des contrées les plus peuplées de l'univers, puisque, dans une si petite étendue, elle compte 600,000 habitants, d'après les derniers recensements.

Les esclaves y sont en très petit nombre; le travail libre y prospère. Le chiffre total de la population se décompose ainsi : 350,000 blancs et 250,000 individus de couleur, dont 36,000 esclaves.

Le nombre des plantations est de 523 : elles produisent 100,000 tonnes de sucre excellent et 60,000 tonneaux (bocoyes) de mélasse; dans les caféières, au nombre de 60, on récolte 290,000 quintaux de café de première qualité; les plantations de coton donnent 13,000 quintaux; celles de tabac (on en compte 54) donnent 30,000 quintaux de ce produit dont la qualité est classée immédiatement après celle de la Havane. Il y a pour l'élevage du bétail 57 enclos qui renferment 90,000 têtes à cornes, 30,000 chevaux, 35,000 brebis et 6,700 chèvres.

Les tanneries apprêtent 10,000 peaux par an; les

petites cultures produisent 73,790 quintaux de riz, 56,890 quintaux de maïs, 360,000 de banane, 324,000 de yuca et autres farineux.

Voici maintenant les chiffres de l'exportation en ;

	1866	1868	
Sucre,	1,364,569	1,478.593	quintaux
Mélasse,	5,068,094	5,660,316	galons
Café,	207 341	206,611	quintaux
Coton,	9,725	12,221	id.
Tabac,	21,190	20,344	id.
Peaux tannées,	7,984	8,366	id.
Eau-de-vie de canne,	16,065	15.045	galons

La valeur totale de ces exportations s'élève en moyenne à 53,677,130 francs, chiffre qui se décompose comme suit :

Sucre, 28,268,340 fr. ; mélasse, 4,813,780 fr. ; tabac, 559,490 fr. ; peaux. 470,525 fr. ; coton, 1,038,785 fr. ; café, 13,431,690 fr. ; eau-de-vie, 58,250 fr.

Il est bon de rappeler que 1866 et 1868 furent des années fécondes en tremblements de terre.

Les îles Philippines, qui font partie de l'archipel de la Malaisie dans les mers de la Chine, appartiennent presque toutes à l'Espagne. Leur superficie est de 136,000 kilomètres carrés (le quart environ de celle de la France), et leur population est de 2,700,000 habitants, en grande partie malais.

Le sol est d'une fertilité prodigieuse ; ses principaux produits sont le riz, le tabac, le sucre, le cacao, le café, le coton, les épices, les bois d'aloës, d'ébène, de sandal, de bambou, de chêne et de sapin. La terre recèle de l'or, du fer et de la houille. Les exploitations de tout genre sont très négligées, en dessous comme au-dessus du sol, et ce territoire, si riche, ne rend que le dixième de ce qu'il pourrait rapporter.

La production ne saurait s'estimer exactement; les données que l'on possède à ce sujet n'offrent que peu de garantie, et tout ce que nous pouvons avancer, d'une façon à peu près certaine, c'est que le mouvement commercial dépasse le chiffre annuel de cent millions.

Fernando-Po, Annobon et Corisco sont de petites îles situées dans le Golfe de Biafra (mer de Guinée). Elles comptent à peine quelques milliers d'habitants et ne sont autre chose, pour le moment, que des colonies pénitentiaires encore à l'état rudimentaire. Nous n'en parlons que pour mémoire.

Avant d'examiner la gestion de M. Adelardo Lopez de Ayala, comme ministre d'outre-mer pendant la période provisoire, nous croyons nécessaire d'exposer rapidement la situation des colonies espagnoles à l'avènement de la Révolution.

Toutes ces colonies étaient soumises, depuis leur annexion à l'Espagne, à un régime despotique, arbitraire et immoral.

Des gouverneurs militaires, investis des pouvoirs les plus autocratiques, les administraient selon leur bon plaisir. Leur responsabilité était totalement illusoire. Dieu sait si, parmi ceux qui ont exercé le commandement suprême dans ces régions, il s'en est trouvé qui ont abusé de leur pouvoir ; pas un n'a été puni, ni même réprimandé.

Ils arrivaient aux îles, entourés d'une cour nombreuse de favoris insolents, véritable nuée de sauterelles qui se partageaient les premiers emplois de la colonie et ravageaient le pays.

Derrière eux, une armée de fonctionnaires, encouragée par cet exemple venu d'en haut, dilapidait la fortune publique, et mettait à rançon les fortunes privées.

Tout se vendait dans ces malheureuses contrées: la justice, les complaisances de l'autorité, les faveurs du fisc, l'impunité des crimes et les honneurs, dont les naturels du pays se montraient très friands.

Une législation hétérogène, contradictoire et embrouillée, sur laquelle les lois de chaque époque avaient été greffées, sans réflexion ni concert, prêtait à la confusion et à la prévarication. De nombreuses ordonnances royales et une infinité de réglements locaux, rendus dans le but louable de faire un peu de lumière et d'ordre dans ce chaos, avaient empiré la situation dont-ils augmentaient encore l'obscurité par leurs nombreux commentaires.

L'existence de l'esclavage, base reconnue par la loi de la propriété agricole, ajoutait, avec la diversité des droits qu'elle entraîne et la séparation des classes qui lui est inhérente, à cette funeste confusion si propice aux abus.

Chaque année et surtout chaque changement de cabinet apportait aux îles une nouvelle caravane de fonctionnaires faméliques et avides, qui remplaçaient les repus de la dernière situation et continuaient ses traditions.

Un tel état de choses ne pouvait engendrer que le mépris de la métropole, la haine et la révolte parmi les naturels du pays.

Cependant les griefs des *créoles* n'auraient dû être

qu'intérieurs et nationaux. Les péninsulaires ne jouissaient, en réalité, d'aucun privilége vis-à-vis d'eux, puisqu'ils n'avaient le monopole d'aucune carrière de l'Etat, ni d'aucune fonction publique. Aux Antilles, les créoles étaient placés sous un pied d'égalité complète avec les Espagnols du vieux continent et, rendus dans la Péninsule, ils y étaient totalement assimilés aux autres citoyens. Ils n'avaient donc aucun droit, sans manquer au patriotisme le plus élémentaire, d'aspirer à leur indépendance et de se mettre en rebellion contre la mère-patrie, dont ils étaient les enfants légitimes, puisque aucun créole n'est aborigène, la race indigène ayant été détruite par suite de la conquête, et les créoles actuels étant tous descendants des péninsulaires qui allèrent successivement s'établir dans les domaines d'Outre-mer.

Ils n'avaient donc, nous le répétons, d'autre droit que celui de revendication contre le gouvernement central, celui d'insurrection contre le régime qu'on imposait au pays qu'ils habitaient, le droit de révolution intérieure, tel que sut le pratiquer la Péninsule elle-même, non celui de rompre ses liens nationaux, et d'aspirer à une indépendance qui constituerait, si elle triomphait, un dépouillement de territoire exercé par eux au préjudice de la nation entière à laquelle, et non à eux, appartient la propriété du sol des Antilles.

Cependant les créoles ne pensaient pas ainsi.

Déjà, à plusieurs reprises, des tentatives séparatistes avaient eu lieu à Cuba et, bien qu'étouffées rapidement, elles avaient montré le germe de révolte qui travaillait sourdement les Antilles espagnoles.

Le gouvernement bourbonnien aurait du être éclairé

par ces manifestations et pourvoir au danger qu'elle dévoilaient, au moyen de réformes radicales.

Le parti progressiste, le seul parti vraiment libéral qui ait existé en Espagne jusqu'à ces derniers temps, avait maintes fois protesté contre les abus dont les colonies étaient le théâtre, et reclamé pour elles l'assimilation de ses institutions avec celle de la métropole, seul moyen de leur enlever tout prétexte de révolte. Depuis 1812, aurore des constitutions libérales en Espagne, ce parti avait aussi revendiqué pour les colonies le droit d'envoyer des représentants aux Cortès péninsulaires et les leur avait accordé chaque fois qu'il etait arrivé au pouvoir.

Mais ces efforts s'étaient toujours brissé contre les tendances réactionnaires et oppressives de l'ancien régime, lequel, non-seulement avait protégé la continuation des abus invetérés, mais avait mis le sceau à l'injustice en déclarant, dans un article de la Constitution de 1845, maintenu dans toutes les Chartes successives, que *les domaines d'Outre-mer seraient régis par des lois spéciales*, c'est-à-dire qu'ils seraient mis en dehors de la loi fondamentale de la mère-patrie.

Le mauvais accueil fait à cette déclaration, aux Antilles, ne fut pas efficace pour dessiller les yeux de ce gouvernement insensé et tenace. Tout ce que l'on put obtenir de lui fut qu'en 1865, époque à laquelle le parti unioniste occupait le pouvoir, le cabinet, dont M. Canovas del Castillo était le ministre d'Outre-mer, convoqua une espèce de Conseil colonial. Une faible partie des membres de cette assemblée fut élue par les municipalites de Cuba et Porto- Rico.

On rédigea, à l'usage de ce Conseil, un interrogatoire

insuffisant d'après lequel il dut faire un rapport sur les réformes à introduire dans le régime social, politique et administratif des Antilles. Ce rapport, d'une grande lucidité, fut rédigé au bout de deux ans, mais ses conséquences furent nulles, la situation demeura la même à Cuba et Porto-Rico, et le mécontentement grandit.

Enfin, en septembre 1868, quelques jours avant la révolution péninsulaire, la révolte éclata dans les deux grandes Antilles.

Quand le gouvernement provisoire arriva au pouvoir, la première nouvelle qu'il reçut de ces colonies fut celle de leur complète insurrection.

Grave était cet embarras. En présence d'un soulèvement, dont le caractère séparatiste était fortement accentué, le gouvernement issu de la révolution, quoique animé des sentiments les plus libéraux envers les pays d'Outre-mer, ne pouvait reconnaître sur-le-champ l'œuvre de la réforme.

Il dut pourvoir au plus pressé, rétablir l'ordre, morigéner l'administration, appeler des représentants de ces contrées au sein des Cortès constituantes, et confier à celles-ci le soin de résoudre les graves problèmes coloniaux.

C'est ce que fit M. Ayala.

Peut-être ne fût-il fâché de ces circonstances; peut-être n'était-il pas, lui l'homme conservateur, le ministre qu'il fallait pour opérer la transformation radicale que ces provinces exigeaient; c'est au moins ce que prétendent ses adversaires; mais à qui est-il permis de préjuger les intentions d'autrui?

Ce qu'il y a de certain, c'est que, dans la situation où M. Ayala trouva les Antilles, sa réserve était non-seulement un droit, mais un devoir.

Enfermés dans ce cadre étroit, les travaux de ce ministère, pendant la période dont nous nous occupons, n'offrent guère qu'un intérêt secondaire.

Nous devons cependant les résumer.

M. Ayala débuta par une circulaire annonçant à ses administrés d'outre-mer les intentions libérales du gouvernement à leur égard. Cette circulaire, qui fut vivement attaquée, par la presse avancée, n'était ni aussi précise, ni aussi radicale que les circonstances l'exigeaient. Elle avait ce caractère vague et indécis des documents adressés aux créoles sous l'administration précédente. Elle prêtait à l'équivoque et il était aisé d'y reconnaître l'œuvre d'un ministre trop conservateur et n'ayant point oublié les traditions coloniales de l'école unioniste, à laquelle il appartenait.

La circulaire fit peu d'effet ; aussi, le moment était peu propice et le langage de la raison n'était guère écouté. L'insurrection cubaine, à son apogée, avait revêtu un caractère séparatiste des plus marqués. C'est là l'excuse du ministre. Quand la révolte a éclaté, quand elle a pris une direction anti-patriotique et anti-nationale, il ne s'agit plus de faire des concessions. L'ambiguité de la circulaire ministérielle peut donc s'expliquer, à la rigueur, par les exigences de la situation où se trouvaient les Antilles lorsque M. Ayala entra en relations avec elles.

Le général Dulce fut envoyé ensuite à Cuba, avec des

troupes de renfort, pour étouffer l'insurrection. Il emportait des instructions conciliatrices et le décret électoral, d'après lequel Cuba devait nommer, pour siéger aux Cortès, dix huit députés, et Porto-Rico onze; c'était une concession importante. L'élection était basée sur l'impôt, le suffrage universel ne pouvant être appliqué dans un pays où l'esclavage régnait encore, et où il n'était pas possible de l'abolir en pleine insurrection.

Le nouveau gouverneur de Cuba était aussi porteur d'autres décrets qui proclamaient la liberté de la presse et le droit de réunion. Enfin, un ordre du ministre enjoignait au général Dulce d'ouvrir immédiatement à Cuba une enquête préparatoire pour réaliser une réforme administrative radicale.

Les mêmes mesures furent étendues à l'île de Porto-Rico.

Le ministre ordonna, très sagement, que les élections n'eussent pas lieu avant que l'ordre public fût rétabli.

M. Ayala prétend avoir eu des raisons puissantes pour limiter sa réforme politique, aux mesures prises dans les décrets dont nous venons de parler. Ces raisons, il les a données, et nous trouvons en effet qu'elles sont à considérer. Il y a d'abord les exigences d'ordre public dans un moment de révolte armée; ensuite l'inconvenance qu'il y aurait eu à arrêter, par la seule autorité du gouvernement provisoire, et sans le concours légal et parlementaire des créoles, l'œuvre de transformation de leur pays, et précisément lorsque l'un des principaux griefs des habitants de Cuba était l'extrême centralisation dont ils se trouvaient victimes.

D'autre part, l'équité et la logique voulaient que les Cortès, à qui était réservé le soin de reconstituer la Péninsule, décidassent, avec le concours des députés des colonies, du sort de celles-ci.

Telles sont les raisons qui excusent la tiédeur du ministre ; notre impartialité nous oblige à les signaler, à les approuver même dans une certaine mesure.

Tandis que ces décrets recevaient leur exécution à Porto-Rico, où l'insurrection, beaucoup moins violente qu'à Cuba, avait été promptement réprimée, et qu'ils n'étaient appliqués que partiellement dans cette dernière île, où la rébellion persistante exigeait un état exceptionnel, M. Ayala dictait des mesures administratives et économiques plus avancées que ses mesures politiques. Ces décrets, en partie calqués sur ceux du ministère de *Fomento*, déclarent libres le courtage commercial et les travaux publics ; ils accordent certaines franchises aux navires à vapeur qui feraient des traversées des ports de la Péninsule aux Antilles, ordonnent la pose d'un câble télégraphique reliant l'Espagne aux îles Canaries et aux Antilles, réforment complétement le système télégraphique cubain et introduisent, encore, diverses modifications dans d'autres branches de l'administration.

Sous le rapport judiciaire, le ministre déploya beaucoup de zèle; il commença par accorder une amnistie aux insurgés de Porto-Rico, après la répression du mouvement. Il s'occupa ensuite d'introduire dans les colonies l'unité de juridiction décretée pour la Péninsule, réorganisa les tribunaux et supprima les Conseils contentieux-administratifs.

En ce qui regarde la pénalité, le désordre le plus complet règne dans les provinces d'Outre-mer, depuis la conquête. C'est l'anarchie organisé ; une foule de lois, souvent contradictoires, règlent ou plutôt dérèglent l'administration de la justice criminelle, laissant au bon plaisir et à l'arbitraire la plus large part dans l'application des peines. Le ministre poursuivit avec activité le travail nécessaire pour donner aux colonies un Code pénal en harmonie avec celui qui régit l'Espagne.

L'organisation de la police judiciaire, l'expropriation, la nomination de médecins légaux attachés aux tribunaux, autant de sujets qui fixèrent son attention ; avec le concours de commissions spéciales, il rédiga sur ces matières des projets de loi qui ont été ou vont être soumis aux Cortès.

En ce qui regard, l'Église, le ministre d'Outre-mer, fit d'importantes réformes.

Il supprima d'abord la juridiction ecclésiastique qui, dans ces contrées, empiétait trop souvent sur le pouvoir civil, il améliora la situation du bas clergé, aussi deshérité que le haut clergé était privilégié, et prit encore à ce sujet d'autres mesures libérales.

Les réformes urgentes que réclame l'administration financière des provinces d'Outre-mer furent réservées aux Cortès.

Le ministre n'osa pas entreprendre une œuvre où la politique se trouvait mêlée aussi intimement et où il fallait toucher aux relations internationales. Cependant, il rédigea un projet destiné à être soumis aux Chambres.

Parmi les mesures proposées, l'une des plus importantes pour l'étranger est la réduction des droits sur un grand nombre d'articles d'importation et d'exportation et notamment sur les farines, dont les pays d'Outre-mer font une si grande consommation.

Enfin, on réduisit le chiffre des budgets de toutes les colonies.

Dans les îles Philippines, on diminua de moitié le droit différentiel de pavillon, en attendant sa suppression totale, décrétée dans un délai de deux ans. Les droits de port et de navigation perçus par les douanes d'Outre-mer sur les navires anglais, néerlandais, suédois et norwégiens furent assimilés aux mêmes droits perçus sur les navires espagnols; d'autres détails de l'administration financière furent l'objet de mesures analogues.

En ce qui regarde spécialement les colonies d'Afrique, on décreta un nouveau système, très libéral, de colonisation. On établit, pour tous les habitants de ces contrées, indigènes, espagnols et étrangers, l'égalité des droits. On reconnut la propriété des indigènes d'une manière très efficace. On fixa comme suit le type des concessions (1) à faire aux colons qui iraient s'établir dans ces îles : aux Espagnols cinquante hectares pour la culture et un terrain pour bâtir dans la ville où le colon aura élu domicile; aux étrangers, dix hectares et le terrain dans la ville, le tout libre d'impôt pendant cinq ans.

(1) Ces concessions se font de deux manières : où elles sont affermées moyennant 25 centimes annuels par hectare, ou elles sont concédées perpétuité, au prix de 5 francs l'hectare.

Telle fut la gestion de M. Lopez de Ayala. Elle s'est ressentie nécessairement de la situation provisoire et des circonstances difficiles au milieu desquelles elle fut accomplie.

Elle ne tranche aucune des grandes difficultés qui rendent si critique la situation des Antilles et elle ébauche à peine la réorganisation des colonies asiatiques et africaines.

Mais l'état où se trouvaient ces provinces d'Outre-mer pendant le ministère de M. Ayala, l'importance des problèmes que la révolution devait résoudre et qui étaient appellés à remuer jusque dans ses fondements l'organisation sociale de ces contrées, ce sont-là des excuses à l'abstention du ministre.

Quand s'organisa le gouvernement provisoire, rien n'était prêt pour la réforme, et la domination de l'Espagne aux Antilles se trouvait très sérieusement menacée.

Il ne fallait pas songer à improviser, dans un pareil moment et sur des questions aussi graves, des mesures radicales.

L'esclavage, par exemple, qui est la honte de l'Espagne dans ces pays, mais sur lequel se trouvent basés leur commerce, leur industrie, toute leur prospérité, l'esclavage qui constitue une propriété acquise sous la sanction des lois, comment l'abolir d'un coup, sans qu'il en résultât une ruine complète, ainsi que cela est arrivé dans les colonies françaises et anglaises ?

D'ailleurs, il était impossible d'aborder franchement cette question menaçante au milieu d'une insurrection qui aurait trouvé là une occasion de se développer et un puissant élément de réussite.

La situation était extrême; la justice, la dignité humaine, la philanthropie, l'esprit libéral de la Révolution espagnole, tout cela devait s'effacer momentanément devant la raison d'État.

Les dépositaires du pouvoir, chargés du salut public, devaient écouter avant tout cette voix qui leur conseillait la prudence, la réserve, les mesures longuement méditées, dans les circonstances exceptionnelles où se trouvait la colonie cubaine.

Tout ce qu'on pouvait exiger du ministre, c'était de préparer le projet d'abolition, comme celui de la réforme politique.

Il n'appartient pas à un ministre, nous le répétons, de résoudre le problème difficile des colonies espagnoles, de Cuba principalement, c'est aux Chambres qu'échoit cette tâche. Au gouvernement provisoire, il suffit, pour sa gloire, d'avoir sauvegardé l'honneur national et l'intégrité du territoire (1), en combattant de toutes ses forces une insurrection formidable, résultat d'erreurs de toute sorte et du despotisme de l'ancien régime.

(1) Ceux qui ont pour mission de décrier l'Espagne révolutionnaire représentent la révolte de Cuba triomphante et la prospérité de l'île ruinée par elle. Rien de plus faux. On ne peut nier que le pays ait beaucoup souffert; mais le commerce ne s'est point ralenti, et pour le prouver il suffit de reproduire le bilan commercial donné par les journaux officiels de *Etats-Unis*. On ne pourra certes accuser ces journaux de partialité en faveur de l'Espagne. Voici ces chiffres :

Exportation	**1868**	**1869**
Sucre, caisses	856,842	891,941
Sucre, tonneaux	73,585	75,585
Miel, id.	112,746	104,591
Café, arrobes	4,326	18,565
Tabac, livres	2,407,663	3,670,496

Importation

Viande conservée,	quintaux	160,415	143,351
Riz,	id.	137,434	166,839
Lard,	id.	72,909	84,365
Huile,	lates	89,713	106,916
Farine,	barils	77,735	77,130
Charbon,	tonnes	94,487	100,868

Les navires arrivés à Cuba pendant les cinq premiers mois de 1868 sont au nombre de 1,004, jaugeant 389,087 tonnes. Dans la même période de 1869, il y eut 729 navires, avec 402,089 tonnes.

Ces données prouvent l'impuissance de l'insurrection, qui ne s'est affirmée jusqu'à présent sur aucun point de la côte, et répondent victorieusement à ces bruits de décadence que l'on se plaît à repandre.

CORTÈS CONSTITUANTES

LA CONSTITUTION

Le 1er mars 1867, époque a jamais glorieuse pour l'Espagne, les premières Cortès constituantes élues, dans la Péninsule, au moyen du suffrage universel, siégèrent à Madrid au Palais du Congrès.

La jeune Espagne imbue de l'esprit démocratique, familiarisée avec le droit nouveau, auquel elle avait voué un culte ardent, bien qu'un peu platonique, sous l'ancien régime, fut appelée à représenter le pays d'après la libre élection de celui-ci.

Tous les hommes muris au service de la liberté et du progrès, tous ceux qui, au premier rang, avaient versé leur sang, encouru les persécutions et sacrifié leur repos et leur fortune au triomphe de la Révolution, furent aussi appellés a constituer l'Espagne nouvelle.

Les uns représentaient l'enthousiasme, les autres la sagesse et le dévouement éprouvé en mille circonstances suprêmes. Les premiers étaient l'expression des nobles exigences d'un pays qui voulait s'émanciper radicalement, les seconds l'expérience qui modère, la prudence qui s'impose par l'autorité des services rendus.

Tous étaient l'honneur et l'espoir de la patrie dans une crise suprême.

Nous voudrions pouvoir les nommer individuellement. Nous désirerions résumer ces discussions grandioses ou les questions de droit public furent traitées avec tant d'élévation et de profondeur. Nous voudrions, enfin, pouvoir reproduire ces discours où la richesse des images, la logique du raisonnement et la grandeur du style, furent à la hauteur des problèmes qu'il s'agissait de résoudre.

Nous ne le pouvons pas.

Les bornes de ce travail, qui déjà a dépassé de beaucoup nos prévisions, nous l'interdisent.

Qu'il nous suffise de dire que jamais la tribune espagnole, cette tribune qui non seulement peut marcher de pair avec les plus illustres de l'étranger, mais qui souvent les a dépassées en éloquence, n'avait retenti sous des accents plus élevés.

Il faudrait remonter aux séances des grandes assemblées de la première Révolution française, pour trouver d'aussi nobles hardiesses, et de semblables torrents d'éloquence.

Castelar peut soutenir le parallèle avec Mirabeau comme orateur, et Olozaga, Echegaray, Moret, Rios-Rosas, Martos, Figueras, Navarro, Garrido et cent autres valent bien les constituants de cette époque grandiose, où la France, dans des élans éternellement glorieux, affirma devant le monde entier les imprescriptibles droits de l'homme.

Une idée inspirait l'éloquence à ce Congrès qui entrainait ses orateurs.

Sagasta et Ruiz-Zorrilla, toujours sur la brêche au banc des ministres, puisaient dans cette atmosphère saturée de patriotisme, les forces nécessaires pour répondre à toutes les interpellations et faire sortir triomphant, à l'aide de leur parole, le drapeau de la Révolution, soit qu'il s'agit de le défendre contre les réactionnaires de la Chambre, ou qu'il fallut le garantir contre les folles témérités des républicains socialistes, unitaires ou fédéreaux.

Orense, le marquis sans-culotte, puisant des forces surhumaines dans ses convictions inébranlables soutenait sans relâche les théorèmes les plus audacieux de l'école ultra-républicaine ; Manterola, Cruz-Ochoa et l'archevêque de Santiago, se voilaient la face et fulminaient des anathèmes contre l'évangile libéral auquel ils opposaient des commentaires faux et surannés tirés, à grand'peine, du dogme catholique ; le vénérable Aguirre, mort à la tâche depuis lors, les écrasait sous le poids de sa science canonique ; Canovas del Castillo levait au milieu de la stupeur générale le drapeau mal déguisé de la restauration bourbonnienne couvert du manteau conservateur ; Alarcon plaidait avec plus de verve que de fortune la cause du duc de Montpensier ; Figuerola s'épuisait en défendant son œuvre financière, et démontrait l'injustice des attaques qu'on lui adressait, parce qu'il ne trouvait pas la pierre philosophale, seule capable de changer du jour au lendemain la situation pénible du trésor après trente ans de gaspillage ; Garcia-Ruiz, Cirilo Alvarez, Louis Blanc, Diaz-Quintero, Garcia Lopez, Martin Herrera, Lasala, Pi y Margall, Posada Herrera, Robert, Romero-Giron, Romero Robledo, Salmeron, Salazary, Mazarredo, Sanchez-Ruano, le marquis de Sardoal, Soler, Sorni, Ulloa, Vega-Armijo et cent autres, faisaient tour à tour retentir l'assemblée d'accents inspirés, provoquant ou calmant ces tempêtes fécondes de la tribune chères à la liberté.

Dans les occasions solennelles, quand il s'agissait d'élever sur la Chambre électrisée le drapeau de la Révolution, d'affirmer ses principes, soit contre les conspirateurs bourbonniens, soit contre les impatiences ou les exagérations des républicains du lendemain, Serrano, Prim, Topete se levaient, modestes d'attitude, mais d'autant plus éloquents que leur parole coulait spontanée de leur cœur et leurs lèvres, avec la loyale franchise et la simple éloquence qui distingue les harangues des soldats.

Rivero, cet homme énergique dont le passé prêtait tant d'autorité à ses actes, était bien le président qu'il fallait pour diriger ces débats passionnés.

Sa parole tonnante, son geste superbe et imposant, étaient bien faits pour dominer les entraînements de cette assemblée, exaltée par la fièvre de liberté, et que, dans les moments suprêmes, son *quos ego* seul était capable de calmer.

Après trois mois consacrés nuit et jour à des discussions ardentes, la Constituante espagnole mit au jour son œuvre fondamentale, et, au milieu des applaudissements de l'Europe progressiste, des imprécations impuissantes de la réaction et de l'enthousiasme de tous les espagnols libéraux, qui forment la majorité du pays, elle promulgua la Constitution suivante :

CONSTITUTION DE L'ÉTAT

La nation espagnole et en son nom les Cortès constituantes élues par le suffrage universel, désirant affermir la justice, la liberte, la sécurité, et procurer le bien-être à tous ceux qui habitent l'Espagne, ont décrété et sanctionné la Constitution suivante :

TITRE PREMIER

DES ESPAGNOLS ET DE LEURS DROITS

ARTICLE PREMIER. — Sont espagnols :

1° Toutes les personnes nées sur le territoire de l'Espagne ;

2° Les fils de parents espagnols, bien qu'ils soient nés à l'étranger ;

3° Les étrangers qui ont obtenu des lettres de naturalisation ;

4° Ceux qui, sans être naturalisés, ont gagné le droit de cité dans une ville quelconque du territoire espagnol.

La qualité d'espagnol s'obtient, se conserve et se perd suivant les dispositions de la loi.

ART. 2. — Nul Espagnol ou étranger ne pourra être détenu ou arrêté que pour cause de délit.

ART. 3. — Tout détenu sera élargi ou livré à l'autorité judiciaire dans les vingt-quatre heures qui suivront son arrestation.

Toute détention cessera ou prendra le caractère de prévention soixante-deux heures après le moment où le détenu aura été livré au juge compétent. La procédure judiciaire qui convertit le détenu en prévenu, sera motivée et communiquée à celui-ci dans ce même délai de soixante-deux heures.

ART. 4. — Aucun Espagnol ne pourra être arrêté qu'en vertu d'un mandat du juge compétent. L'arrêt d'après lequel le mandat d'amener aura été expédié sera confirmé ou révoqué, le prévenu ayant été entendu, dans les soixante-deux heures suivant l'arrestation.

ART. 5. — Personne ne pourra entrer dans le domicile d'un Espagnol ou étranger résidant en Espagne, sans son consentement ; sauf dans les cas urgents d'incendie, d'inondation et autres analogues, ou dans ceux où il y aurait agression illégitime provenant du dedans ou enfin lorsqu'il s'agirait de secourir une personne implorant du secours. Hors ces cas, l'accès du domicile d'un Espagnol ou d'un étranger résidant en Espagne, et la visite de ses papiers ou effets, ne pourront avoir lieu que sur l'ordre d'un juge compétent et seulement pendant le jour. La visite des papiers ou effets devra toujours se faire en présence du propriétaire de ceux-ci, ou d'un individu de sa famille, ou, à leur défaut, de deux témoins de la localité. Cependant, si un coupable pris en flagrant délit et poursuivi par l'autorité, se réfugie dans son propre domicile, on peut y pénétrer à seule fin d'opérer l'arrestation; s'il se réfugie chez un tiers, l'intervention préalable du maître du logis est nécessaire.

Art. 6. — Aucun Espagnol ne pourra être obligé de changer de domicile ou de résidence, sinon en vertu d'un jugement exécutoire.

Art. 7. — Dans aucun cas, l'autorité gouvernementale ne pourra arrêter ni décacheter la correspondance confiée à la poste ou au télégraphe. Toutefois, l'une et l'autre correspondance pourront être arrêtées et décachetées en vertu d'un mandat du juge compétent et en présence du prévenu.

Art. 8. — Tout mandat d'amener, de visite domiciliaire et de détention de correspondance écrite ou télégraphiée, devra être motivé. Quand cette formalité n'a pas été remplie, ou que les motifs sont déclarés, par jugement, illégitimes ou notoirement insuffisants, alors la personne arrêtée, celle dont l'acte d'arrestation n'a pas été ratifié dans le délai marqué par l'article 4, celle, enfin, dont le domicile a été violé ou la correspondance détenue, ces personnes ont le droit de réclamer du juge signataire du mandat une indemnité proportionnelle au préjudice causé, mais jamais inférieure à 500 fr.

Les agents de l'autorité publique sont également assujettis à une indemnité, fixée par les juges, s'il leur arrive de recevoir une personne quelconque en qualité de prisonnier, sans mandat motivé, ou de retenir cette personne lorsque le mandat n'aurait pas été ratifié dans le délai légal.

Art. 9. — L'autorité gouvernementale qui enfreindrait les dispositions des articles 2, 3, 4 et 5, serait passible, selon le cas, des peines édictées contre le délit de détention arbitraire ou de violation de domicile; en outre, elle sera responsable du préjudice causé et tenue à l'indemnité mentionnée dans le dernier paragraphe du présent article.

Art. 10. — Tout détenu qui, dans le délai marqué à l'article 3, n'aurait pas été remis à l'autorité judiciaire, aura également droit à l'indemnité.

Si le juge ne décrétait pas l'emprisonnement du détenu dans le susdit délai, il sera responsable, vis-à-vis du détenu, de l'indemnité établie par l'article 8.

Art. 11. — Nul Espagnol ne pourra être jugé ni condamné autrement que par le juge et par le tribunal auquel appartient le droit de connaître du délit dont il est accusé, d'après des lois antérieures à l'accomplissement de celui-ci.

On ne pourra créer des tribunaux extraordinaires ni des commissions spéciales pour connaître d'aucun délit.

Art. 12. — Toute personne détenue ou arrêtée sans les formalités légales, ou en dehors des cas prévus par cette constitution, sera élargie sur sa demande ou sur celle d'un Espagnol quel qu'il soit.

La loi déterminera la forme de cette procédure sommaire, ainsi que les peines pécuniaires et autres qui peuvent être appliquées à celui qui aurait ordonné, exécuté ou fait exécuter une détention ou une arrestation illégale.

Art. 13. — Personne ne pourra être privé ni temporairement ni à perpétuité de ses biens et de ses droits, et il ne pourra être troublé dans la possession de ceux-ci qu'en vertu d'une sentence judiciaire.

Les fonctionnaires publics qui, sous un prétexte quelconque, commettraient une infraction à cette disposition, seront personnellement responsables du préjudice causé.

Cette responsabilité n'existe plus dans les cas d'incendie, d'inondation, ou autres analogues, et, en génénal, chaque fois qu'il s'agit par l'occupation, d'éviter un malheur au propriétaire ou au détenteur, de prévenir ou d'atténuer un danger ou un mal quelconque.

Art. 14. —Personne ne pourra être exproprié que pour cause d'utilité commune, et en vertu d'une ordonnance judiciaire, laquelle ne sera exécutoire qu'après indemnité fixée par le juge, de concert avec l'exproprié.

Art. 15. — Personne n'est obligé de payer un impôt qui n'aurait pas étévoté, par les Cortès ou par les corporations populaires, légalement autorisées, et dont la perception ne serait point faite dans la forme prescrite par la loi.

Tout fonctionnaire public qui entreprendrait d'exiger ou exigerait le paiement d'une contribution sans les formalités fixées dans cet article, sera considéré comme coupable du délit d'exaction illégale.

Art. 16. — Aucun Espagnol possédant la pleine jouissance de ses droits civiques ne pourra être privé du droit de voter dans les élections de sénateurs, de députés aux Cortès, de députés provinciaux et de conseillers municipaux.

Art. 17. — Aucun Espagnol ne pourra non plus être privé :

Du droit d'émettre librement ses idées et ses opinions, soit verbalement, soit par écrit, en se servant de l'imprimerie ou d'un procédé analogue.

Du droit de réunion pacifique.

Du droit d'association dans un but quelconque, non contraire à la morale publique.

Enfin, du droit d'adresser des pétitions, soit individuellement, soit collectivement, aux Cortès, au roi et aux autorités.

Art. 18. — Toute réunion publique sera assujettie aux règlements de police.

Les réunions à ciel ouvert et les manifestations politiques ne pourront avoir lieu que le jour.

Art. 19. — Toute association dont les membres se rendraient coupables d'un délit, par des moyens qu'elle-même leur fournirait, pourra être dissoute.

L'autorité gouvernementale pourra suspendre l'association qui se serait rendue coupable d'un délit en envoyant sans délai les prévenus devant le juge compétent.

Toute association dont le but ou les moyens compromettraient la sûreté de l'Etat pourra être dissoute par une loi.

Art. 20. — Le droit de pétition ne pourra être exercé collectivement par aucune force armée.

Il ne pourra être exercé non plus individuellement par ceux qui font partie d'une force armée, autrement que selon les règlements de leur corps, pour tout ce qui aurait rapport à celui-ci.

Art. 21. — La nation espagnole s'oblige à soutenir le culte et les ministres de la religion catholique.

L'exercice public ou privé de tout autre culte est garanti à tous les étrangers résidants en Espagne, sans d'autres restrictions que les règles universelles de la morale et du droit.

S'il arrive que des Espagnols professent une autre religion que la religion catholique, tout le paragraphe précédent leur est applicable.

Art. 22. — On n'établira ni par des lois, ni par des dispositions administratives, aucune mesure préventive se rapportant à l'exercice des droits définis dans ce titre.

On ne pourra non plus imposer aux journaux ni censure, ni dépôt, ni éditeur responsable.

Art. 23. — Les délits qui se commettent à l'occasion de l'exercice des droits consignés dans ce titre, seront punis par les tribunaux d'après les lois communes.

Art. 24. — Tout Espagnol pourra fonder et entretenir des établissements d'instruction ou d'éducation, sans autorisation préalable, sauf l'inspection de l'autorité compétente pour des raisons d'hygiène et de moralité.

Art. 25.— Tout étranger pourra s'établir librement sur le territoire espagnol, y exercer son industrie ou sa profession, pourvu que celle-ci ne soit pas de celles pour lesquelles les lois exigent des titres d'aptitude délivrés par les autorités espagnoles.

Art. 26.— Aucun Espagnol jouissant pleinement de ses droits civils ne pourra être empêché de quitter librement le territoire, ni de transporter sa résidence et sa fortune dans un pays étranger, pourvu qu'il ait satisfait aux obligations du service militaire et à l'entretien des charges publiques.

Art. 27. — Tous les Espagnols sont admissibles aux emplois et fonctions publiques selon leur mérite et leur capacité.

L'obtention et l'exercice de ces fonctions, ainsi que l'acquisition et l'exercice des droits civils et politiques, sont indépendants de la religion que les Espagnols professent.

L'étranger qui ne serait pas naturalisé ne pourra exercer en Espagne aucune fonction qui accorde autorité ou juridiction.

Art. 28. — Tout Espagnol est obligé de défendre la patrie par les armes quand il y est requis par la loi, et de contribuer aux dépenses de l'État en proportion de sa fortune.

Art. 29. — L'énumération des droits consignés dans ce titre n'implique pas la prohibition de tout autre droit qui n'y serait pas expressément consigné.

Art. 30. — L'autorisation préalable n'est point requise pour appeler devant les tribunaux ordinaires les fonctionnaires publics qui se seraient rendus coupables d'un délit quelconque.

L'ordre du supérieur n'ôtera pas à l'inférieur sa responsabilité dans tous les cas où il y aura infraction claire, manifeste, expresse d'un article de la Constitution. Hors ce cas, le mandat supérieur ne couvrira que les agents dépourvus d'autorité.

Art. 31. — Les garanties consignées dans les articles 5 et 6 et dans les trois premiers paragraphes de l'article 17, ne pourront être suspendues, dans tout ou partie de la monarchie, que temporairement et au moyen d'une loi, dans des circonstances extraordinaires et quand la sécurité de l'État l'exigera.

La loi promulguée, le territoire qu'elle désignera se trouvera régi, pendant la suspension, par une loi d'ordre public établie d'avance.

Aucune de ces lois ne pourra s'appliquer à d'autres garanties que celles désignées plus haut, ni autoriser le gouvernement à déporter les Espagnols ou à les exiler à plus de 250 kilomètres de leur domicile.

Les chefs militaires ou civils ne pourront dans aucun cas établir d'autres pénalités que celles fixées d'avance par la loi.

TITRE II

DES POUVOIRS PUBLICS.

Art. 32. — La souveraineté réside essentiellement dans la nation, de laquelle découlent tous les pouvoirs.

Art. 33. — La forme du gouvernement de la nation espagnole est la monarchie.

Art. 34. — La faculté de faire les lois appartient aux Cortès.
Le roi sanctionne et promulgue les lois.

Art. 35. — Le pouvoir exécutif appartient au roi, qui l'exerce par l'intermédiaire de ses ministres.

Art. 36. — Les tribunaux exercent le pouvoir judiciaire.

Art. 37. — La gestion des intérêts particuliers des communes et des provinces appartient respectivement aux municipalités et aux députations provinciales, d'après les lois.

TITRE III

DU POUVOIR LÉGISLATIF.

Art. 38. — Les Cortès se composent de deux Corps législateurs, à savoir : Sénat et Congrès. Tous les deux ont les mêmes pouvoirs, sauf dans les cas prévus par la Constitution.

Art. 39. — Le Congrès se renouvellera en totalité tous les trois ans. Le Sénat renouvellera la quatrième partie de ses membres tous les trois ans.

Art. 40. — Les sénateurs et les députés représenteront toute la nation, et non pas exclusivement les électeurs qui les auront nommés.

Art. 41. — Aucun sénateur ni député ne pourra recevoir de ses électeurs un mandat impératif.

Section première

Des réunions des Cortès et de leurs pouvoirs.

ART. 42. — Les Cortès se réunissent tous les ans.

C'est au roi qu'il appartient de les convoquer, de suspendre et de clore les séances, de dissoudre l'une des deux Chambres ou les deux à la fois.

ART. 43. — Les Cortès seront réunies quatre mois au moins par an, sans compter le temps qui sera employé à leur constitution.

Le roi les convoquera au plus tard pour le 1er février.

ART. 44. — Les Cortès se réuniront forcément aussitôt que la couronne se trouvera vacante ou que le roi deviendra incapable, par une cause quelconque, de gouverner l'État.

ART. 45. — Chacune des deux Chambres a les facultés suivantes :

1° Rédaction du réglement pour son propre gouvernement intérieur.

2° Examen de la légalité des élections et de l'aptitude légale de ses membres.

3° Nomination, en se constituant, de son président, de ses vice-présidents et de ses secrétaires.

Tant que le Congrès n'est pas dissous, le président, les vice-présidents et les secrétaires continuent à exercer leurs fonctions jusqu'à la fin des trois séances.

Le pérsident, les vice-présidents et secrétaires du Sénat se renouvellent toutes les fois qu'il y a électton générale pour ces fonctions au Congrès.

ART. 46. — Une des Chambres ne pourra être réunie sans que l'autre le soit aussi, excepté dans le cas où le Sénat se constituerait en tribunal.

ART. 47. — Les deux Chambres ne peuvent délibérer ensemble ou en présence du roi.

ART. 48. — Les séances des Chambres seront publiques, excepté dans les cas qui exigeraient nécessairement de la réserve.

Art. 49. — Aucun projet ne pourra devenir loi avant d'avoir été l'objet d'un vote dans les deux Chambres.

S'il n'y avait pas conformité absolue entre les deux, on agirait d'accord avec la loi qui fixe leurs relations.

Art. 50 — Les projets de loi sur les contributions, le crédit public et la force militaire seront présentés au Congrès avant de l'être au Sénat, et si celui-ci y introduit quelque amendement que celui-là refuse d'admettre, c'est la décision du Congrès qui doit prévaloir.

Art. 51. — Les résolutions des Cortes seront prises à la pluralité des voix.

Pour voter les lois il faut la présence dans chaque Chambre de la moitié plus un du nombre total de membres dont l'élection aura été approuvée par la Chambre.

Art. 52. — Aucun projet de loi ne pourrait être approuvé par les Cortès qu'après avoir été voté par articles dans chacune de deux Chambres.

On excepte de cette règle les codes ou lois qui, à cause de leur longueur, ne seraient pas soumis à la discussion par articles ; mais, même dans ce cas, les projets de loi seront soumis aux Cortès dans toute leur intégrité.

Art. 53. — Les deux Chambres ont le droit de censure et chacun de leurs membres celui d'interpellation.

Art. 54. — L'initiative des lois appartient au roi et à chacune des deux chambres.

Art. 55. — On ne pourra présenter en personne, individuellement ni collectivement, des pétitions aux Cortès.

On ne pourra non plus, pendant la durée des séances, tenir des réunions à ciel ouvert aux alentours des palais où siégent les Chambres.

Art. 56. — Les sénateurs et les députés ne pourront être cités devant les tribunaux, ni arrêtés pendant la durée de la session, sans l'autorisation de la Chambre à laquelle ils appartiennent, sauf le cas où ils seraient surpris en flagrant délit. Dans ce cas, aussi bien que dans celui où l'arrestation ou le procès se ferait pendant les vacances des Chambres, on rendra compte du fait à la Chambre dont-ils font partie aussitôt celle-ci réunie.

Toute sentence prononcée contre un sénateur ou un député dans un procès entrepris sans l'autorisation mentionné au paragraphe précédente ne deviendra exécutoire que lorsque cette autorisation aura été donnée par la Chambre à laquelle appartient le condamné.

Art. 57. — Outre le pouvoir législatif, les Cortès ont encore les attributions suivantes :

1° Recevoir du roi, du successeur immédiat de la couronne et de la régence le serment de garder la Constitution et les lois.

2° Résoudre toute question de fait ou de droit qui surgirait touchant l'ordre de succession à la couronne ;

3° Elire la régence du royaume et nommer le tuteur du roi mineur dans les cas prévus par la constitution;

4° Rendre effective la responsabilité ministérielle ;

5° Nommer et destituer les ministres de la Cour des comptes.

Art. 58. — Les nomminations ne pourront retomber sur aucun sénateur ni député.

Art. 59. — Le sénateur ou député qui accepte du gouvernement ou de la maison royale, pension ou emploi — sauf celui de ministre — commission rétribuée, honneurs ou décorations, sera considéré comme démissionnaire.

Section deuxième

DU SÉNAT

Art. 60. — Les sénateurs seront élus par provinces. A cet effet, chaque district (circonscription) municipal élira au moyen du suffrage universel un nombre de réprésentants égal à la sixième partie de ses conseillers municipaux.

Les circonscriptions où le nombre des conseillers n'arrive pas à six éliront toutefois un représentant.

Les représentants ainsi élus se joindront à la députation provinciale et constitueront avec elle le Junte électorale.

Chacune de ces Juntes élira, à la majorité absolue des voix, quatre sénateurs.

Art. 61. — Quelque soit, plus tard, la division territoriale, on ne changera jamais le nombre total de sénateurs, qui, d'après cette constitution, doit être en rapport avec le nombre actuel des provinces.

Art. 62. — Pour être sénateur, il faut :

1° Etre Espagnol ;

2° Avoir 40 ans d'âge ;

3° Jouir de tous les droits civils ;

4° Posséder une des conditions suivantes :

Etre ou avoir été :

Président du Congrés;

Député élu en trois élections générales ou une fois pour des Cortès constituantes;

Ministre de la Couronne;

Président du conseil d'Etat, des Tribunaux suprêmes, du Conseil suprême de la guerre ou de la Cour majeure des comptes du royaume.

Maréchal ou amiral ;

Lieutenant général ou vice-amiral ;

Ambassadeur;

Conseiller d'Etat;

Magistrat des tribunaux suprêmes ;

Membre du Conseil suprême de la guerre ou de l'amirauté, ministre de la Cour des compte ou ministre plénipotentiaire pendant deux ans ;

Archevêque ou évêque ;

Recteur d'Université de la classe des professeurs ;

Professeur de terme avec deux ans d'exercice;

Président ou Directeur des Académies Espagnole, d'Histoire, des Beaux-Arts, des Sciences exactes, physiques et naturelles, des Sciences morales et politiques et des Sciences médicales;

Inspecteur général des corporations, d'ingénieurs civils;

Député provincial quatre fois ;

Alcade deux fois dans des villes de plus de 30,000 âmes.

Art. 63. — Les 50 plus grands contribuables pour l'impôt territorial et les 20 plus grands contribuables pour le subside industriel et commercial de chaque province seront aussi élégibles.

Art. 64. — Le Sénat se renouvelle par quarts, d'après la loi électorale, chaque fois qu'il y a des élections générales de députés.

Le renouvellement sera total quand le roi prononcera la dissolution du Sénat.

Section troisième

DU CONGRÈS

Art. 65. — Le Congrès se composera d'un député au moins pour chaque groupe de 40,000 âmes et sera élu d'après la loi électorale.

Art. 66. — Pour être député il faut :

Etre Espagnol ;

Majeur ;

Jouir de tous les droits civils.

TITRE IV

DU ROI

Art. 67. — Le roi est inviolable et irresponsable. Les ministres sont responsables.

Art. 68. — Le roi nomme et destitue les ministres.

Art. 69. — Le pouvoir de faire exécuter les lois appartient au roi et son autorité s'étend à tout ce qui a pour objet de maintenir l'ordre public à l'intérieur et à la sécurité de l'État à l'extérieur, d'après la constitution et les lois.

Art. 70. — Le roi dispose des forces de terre et de mer, declare la guerre, fait et ratifie la paix, à charge de rendre aux Cortès des comptes détaillés.

Art. 71. — Le roi ne pourra suspendre les Cortès sans leur acquiescement, qu'une seule fois par session.

Dans tous les cas, les Cortès devront se trouver réunis pendant le temps marqué par l'article 43.

Art. 72. — En cas de dissolution d'une ou des deux Chambres, le décret royal contiendra nécessairement la convocation des nouvelles Cortès dans un délai de trois mois.

Art. 73. — Outre le pouvoir exécutif, le roi possède encore les prérogatives suivantes :

1° Le soin de frapper la monnaie, sur laquelle seront gravés son effigie et son nom;

2° Celui de nommer aux emplois civils et militaires, d'après les lois;

3° La concession, dans la même forme, des honneurs et distinctions.

4° La direction des relations diplomatiques et commerciales avec les autres puissances;

5° Le soin de veiller à l'administration de la justice dans tout le royaume ;

6° Le droit de gracier les coupables, d'après les lois, sauf ce qui est décidé pour les ministres;

Art. 74. — Le roi a besoin d'être autorisé par une loi spéciale ;

1° Pour aliéner, céder ou échanger une portion quelconque du territoire espagnol ;

2° Pour admettre des troupes étrangères dans le royaume;

3° Pour ratifier les traités d'alliance offensive, les traités spéciaux de commerce, ceux qui établissent des subsides à donner à une puissance étrangère, et tous ceux qui peuvent obliger individuellement les Espagnols.

Dans aucun cas les articles secrets d'un traité ne pourront abroger les articles publics.

4° Pour accorder des amnisties générales.

5° Pour se marier et pour permettre le mariage des personnes qui sont ses sujets et qui doivent lui succéder d'après la Constitution;

6° Pour abdiquer.

Art. 75. — Le roi a le pouvoir de faire des réglements pour l'application des lois, d'après la prescription de ces lois mêmes.

Art. 76. — La liste civile du roi sera fixée au commencement de chaque règne.

TITRE V

DE LA SUCCESSION A LA COURONNE ET DE LA RÉGENCE DU ROYAUME

Art. 77. — L'autorité royale sera héréditaire.

La succession au trône suivra l'ordre naturel de primogéniture et de représentation, la branche antérieure étant toujours préférée aux postérieures : dans la même branche, le degré le plus proche au plus éloigné ; dans le même degré l'homme à la femme, et dans le même sexe la personne la plus âgée à la plus jeune.

Art. 78. — Si la dynastie régnante s'éteint, les Cortès feront de nouveaux appels, comme il conviendra à la nation.

Art. 79. — A la mort du roi, son successeur prêtera serment de respecter et de faire repecter la Constitution et les lois de la même façon et dans les propres termes que les Cortès l'auront ordonné pour le premier qui siégera sur le trône, d'après la Constitution.

Le prince des Asturies prêtera le même serment quand il arrivera à l'âge de dix-huit ans.

Art 80. — Les Cortès exclueront de la succession à la couronne les personnes incapables de gouverner ou qui auraient accompli des actes entraînant la perte du droit de régner.

Art. 81. — Si la personne régnante est une femme, son mari n'aura aucune participation au gouvernement du royaume.

Art. 82. — Le roi est majeur à dix-huit ans.

Art. 83. — Si le roi devient incapable d'exercer l'autorité et que cette incapacité soit reconnue par les Cortès, ou bien si la couronne devient vacante pendant la minorité du successeur immédiat, les Cortès nommeront une régence composée d'une, trois ou cinq personnes, pour gouverner le royaume.

Art. 84. — Jusqu'au moment où les Cortès nommeront la régence, le royaume sera gouverné provisoirement par le père, ou à défaut, par la mère du roi, ou, à défaut de tous les deux, par le Conseil des ministres.

Art. 85. — La régence exercera toute l'autorité du roi, au nom duquel on publiera les actes du gouvernement.

On ne pourra introduire aucune modification dans la Constitution pendant la régence.

Art. 86. — Le roi mineur aura pour tuteur la personne désignée pour ce poste par le roi défunt. Si celui-ci n'a point nommé de tuteur, la tutelle appartiendra au père et, à défaut, à la mère, pour autant que ceux-ci resteront veufs.

A défaut de tuteur testamentaire ou légitime, les Cortès nommeront la personne qui devra remplir ces fonctions.

Dans le premier et dans la troisième cas, le tuteur doit être espagnol de naissance.

Les Cortès auront en ce qui regarde la tutelle du roi, les mêmes pouvoirs qui leur sont devolus par l'article 30 relativement à la succession à la couronne.

Les charges de régent et de tuteur ne peuvent être cumulées que par le père ou la mère.

TITRE VI

DES MINISTRES

Art. 87. — Tout ce que le roi ordonne dans l'exercice de son autorité sera contresigné par le ministre compétent. Aucun fonctionnaire public n'exécutera les ordres qui manqueraient de ce visa.

Art. 88. — Les ministres qui n'appartiennent pas à une des Chambres ne pourront assister aux séances des Cortès.

Art. 89. — Les ministres sont responsables devant les Cortès des délits qu'ils commettent dans l'exercice de leurs fonctions.

Au Congrès appartient le droit de les accuser, et au Sénat celui de les juger.

Les lois fixeront les cas de responsabilités des ministres, les peines auxquelles ils seront assujettis et le mode de procédure à employer contre eux.

Art. 90. — Pour que le roi puisse gracier les ministres condamnés par le Sénat, il faut la demande préalable d'une des Chambres.

TITRE VII

DU POUVOIR JUDICIAIRE

Art. 91. — Le pouvoir d'appliquer les lois dans les procès civils et criminels appartient aux tribunaux.

La justice est rendue au nom du roi.

Les mêmes Codes seront en vigueur dans toute la monarchie, sans préjudice des variations fixées par les lois dans des circonstances particulières.

Il n'y aura qu'une seule juridiction pour tous les Espagnols, dans les procès civils et criminels.

Art. 92. — Les tribunaux n'appliqueront les règlements généraux provinciaux qu'autant que ceux-ci seront d'accord avec les lois.

Art. 92. — Tous les délits politiques ainsi que les délits ordinaires fixés par la loi seront jugés par le jury.

La loi fixera aussi les conditions nécessaires pour être juré.

Art. 94. — Le roi nomme les magistrats et les juges sur la proposition du Conseil d'Etat, et d'après la loi organique des tribunaux.

L'entrée dans la carrière judiciaire aura lieu par concours. Cependant, le roi pourra nommer jusqu'à un quart des magistrats des audiences et du tribunal suprême, sans être assujetti à la règle établie au précédent paragraphe, ni aux règlements généraux de la loi organique des tribunaux, mais toujours après avoir entendu le Conseil d'Etat, et sans sortir des catégories que la loi établit.

Art. 95. — Les magistrats et les juges ne pourront être destitués que par sentence exécutoire ou par décret du roi, assisté du Conseil des ministres, d'après l'avis préalable du Conseil d'Etat, et selon les prescriptions de la loi organique.

On ne pourra non plus les changer de poste que par décret royal expédié avec les mêmes formalités; mais ils pourront être suspendus par mandat du tribunal compétent.

Art. 96. — Les tribunaux, sous leur responsabilité, refuseront d'investir de leurs fonctions les magistrats et juges qui n'auraient pas été nommés selon la Constitution et les lois.

Art. 97. — L'avancement et les changements dans la carrière judiciaire auront lieu d'après un rapport du Conseil d'Etat.

Art. 98. — Les juges sont responsables personnellement de toute infraction à la loi dont ils se rendraient coupables, d'après les règles établies par la loi de responsabilité judiciaire.

Tout Espagnol peut intenter une action publique contre les juges ou les magistrats, pour les délits commis par ceux-ci dans l'exercice de leurs fonctions.

TITRE VIII

DES DÉPUTATIONS PROVINCIALES ET DES MUNICIPALITÉS

Art. 99. — L'organisation et les attributions des députations provinciales et des municipalités seront réglées par leurs lois respectives, établies d'après les principes suivants :

1° Gouvernement et direction des intérêts locaux de la province ou de la commune par les Conseils respectifs.

2° Publicité des séances des uns et des autres dans les limites fixées par la loi.

3° Publication des budgets, des comptes et des arrêtés importants.

4° Intervention du roi et, dans certains cas, du pouvoir législatif, pour empêcher que les députations provinciales et les municipalités outrepassent leurs pouvoirs au préjudice des intérêts généraux et permanents.

5° Délimitation de leurs pouvoirs en matière d'impôt, afin que le contributions provinciales et municipales ne se trouvent jamais en opposition avec le système tributaire de l'Etat.

TITRE IX

DE L'IMPOT ET DE LA FORCE PUBLIQUE

Art. 100. Le gouvernement présentera chaque année, aux Cortès, les budgets des recettes et de dépenses, marquant les variations que ces budgets auront subies depuis l'année précédente.

Les budgets devront être présentés au Congrès dans les dix jours suivant la réunion des Cortès, le 1er février de chaque année.

Le gouvernement présentera, en même temps que les budgets, le bilan du dernier exercice, selon les dispositions de la loi.

Art. 101. On ne pourra effectuer aucun paiement autrement que d'accord avec la loi des budgets ou toute autre loi spéciale, et par ordre du ministre des finances, sous la responsabilité du directeur du Trésor public.

Art. 102. — Le gouvernement a besoin d'être autorisé par une loi pour disposer des propriétés de l'État et pour contracter des emprunts sur le crédit de la nation.

Art. 103. — La dette publique est sous la sauvegarde spéciale de la nation.

On ne contractera aucun emprunt sans que les ressources nécessaires pour payer ses intérêts soient votées en même temps.

Art. 104. — Toutes les lois sur les recettes, les dépenses ou le crédit public seront considérées comme faisant partie du budget, et seront publiées avec ce caractère.

Art. 105. — Les Cortès fixeront tous les ans, sur la proposition du roi, les forces militaires de terre et de mer.

Les lois qui fixent ces forces seront votées avant le budget.

Art. 106. — Il ne peut exister sur le territoire espagnol aucune force armée non autorisée par une loi.

TITRE X

DES PROVINCES D'OUTRE-MER.

ART. 107. — Les Cortès constituantes réformeront le système actuel du gouvernement des provinces d'outre-mer, quand les députés de Cuba ou de Puerto-Rico auront pris siége à la Chambre, de façon à étendre à ces provinces, avec les modifications que l'on croira nécessaires, les droits consignés dans la Constitution.

ART. 108. — Le régime qui gouverne les provinces espagnoles situées dans l'archipel Philippin sera réformé par une loi.

TITRE XI

DE LA RÉFORME DE LA CONSTITUTION.

ART. 109. — Les Cortès, par elles-mêmes ou sur la proposition d roi, pourront accorder la réforme de la Constitution, indiquant à cet effet l'article ou les articles à modifier.

ART. 110. — Cette déclaration faite, le roi dissoudra les Chambres et convoquera les nouvelles Cortès, qui se réuniront dans les trois mois suivants. Dans le décret de convocation, on inscrira la mesure prise par les Cortès, dont il est fait mention au précédent paragraphe.

ART. 111. — Les Cortès auront le caractère de Constituantes seulement pour délibérer au sujet de la réforme; elles continueront ensuite à remplir leur mandat, avec le caractère des Cortès ordinaires.

Pendant que les Cortès seront constituantes, aucune des Chambres ne pourra être dissoute.

DISPOSITIONS TRANSITOIRES.

ART. 1er. — La loi qui sera faite en vertu de cette Constitution pour élire le roi et pour résoudre les questions auxquelles cette élection donnera lieu, fera partie de la Constitution.

ART. 2. — Jusqu'à ce que la loi organique des tribunaux soit promulguée, les articles 94 à 97 de la Constitution recevront leur exécution complète. Le pouvoir exécutif pourra rendre les ordonnances opportunes afin que ces articles soient appliqués immédiatement dans la mesure du possible.

Nous ne ferons pas l'apologie de cette Constitution.

Ce serait inutile.

Sa lecture en dit plus long que tous les éloges que nous pourrions faire sur sa bonté. Aussi, tout ce qu'il y a de démocrates et de libéraux en Europe a applaudi à sa proclamation, reconnaissant qu'elle affirme nettement un principe : *la souveraineté nationale;* un but : *le gouvernement du peuple par lui-même.*

Cette Constitution, où le pouvoir monarchique ne reste plus qu'à l'état d'accessoire, est une des plus libérales, peut-être la plus libérale d'Europe.

Pour l'Espagne, elle constitue plus qu'un progrès, c'est une délivrance.

Nous voudrions pouvoir faire un parallèle entre elle et les Constitutions des peuples les plus avancés : les Etats-Unis, l'Angleterre, la Belgique, la Suisse ; nous prouverions, si nous avions le loisir nécessaire à un tel travail, qu'en tous points elle est plus libérale que les Chartes de ces pays, plus démocratique que bon nombre d'entre elles.

Si nous la mettions en regard des Constitutions autrichienne et roumaine, qui sont celles dont la promulgation a précédé immédiatement celle de la Constitution espagnole, nous verrions qu'elle est plus radicale que la première, plus précise que la seconde.

Celle-ci ne la dépasse que sur un seul point : l'abolition de la peine de mort. Mais est-ce là un progrès? En matière politique nous le croyons ; nous n'oserions pas l'affirmer en matière criminelle.

L'article qui fonde la liberté des cultes est un pas immense. Si l'on étudie le passé, si on songe à tous les obstacles qu'il a fallu vaincre pour oser établir un pareil principe en Espagne, on comprendra toute la force que possède la Révolution espagnole.

Cet article seul suffirait à justifier et à glorifier le soulèvement de Cadix.

L'article 2, qui déclare que non-seulement aucun Espagnol, mais *aucun étranger* ne peut être arrêté, si ce n'est pour cause de délit, est un grand exemple de fraternité internationale. Du reste, cette fraternité est un des caractères de la nouvelle Constitution, et ce fait, émanant d'un peuple si jaloux de sa nationalité et si calomnié au dehors, a une grande portée.

Les articles qui garantissent la liberté individuelle n'ont rien à envier à l'*habeas corpus* anglais.

Ceux qui instituent la responsabilité des fonctionnaires sont les plus libéraux qui existent en la matière dans aucune Constitution. Le peuple qui lutte contre l'article 75 de sa Constitution appréciera sa portée. Nous signalerons surtout à la méditation des Français cet alinéa aussi simple que grandiose :

« Tout Espagnol peut tirer un autre Espagnol, sur sa « simple demande, d'une détention arbitraire. »

Tous les droits individuels déclarés *illégislables*, c'est-à-dire au-dessus de toute loi qui voudrait les réglementer ; l'inviolabilité de la propriété ; cette affirmation si carrée : la *souveraineté réside dans la nation, de laquelle émanent tous les pouvoirs*, etc., sont autant de déclarations aussi justes que nouvelles et avancées.

Mais n'allons pas plus loin dans le chemin des commentaires.

On ne démontre pas l'excellence et la supériorité de la Constitution espagnole ; elles sont évidentes pour tous ceux qui la lisent.

Nous savons bien que les hommes qui refusent à l'Espagne — souvent sans la connaître — toute espèce de supériorité, diront, en nous regardant du haut de leur grandeur matérielle et de leur décadence politique :

— Mais, avec tout cela, vous êtes encore pauvres et plongés dans l'anarchie.

C'est vrai.

On improvise des lois, mais on n'efface pas en un an les traces de plusieurs siècles d'oppression.

Seulement, que ceux qui pèsent tout au prix de l'or

n'oublient pas que la misère actuelle est l'œuvre de ceux que la Révolution a chassés, et que la richesse de demain sera l'œuvre de cette loi fondamentale et des lois organiques qui vont la compléter, lesquelles ne demandent qu'à fonctionner pour régénérer l'Espagne dans l'espace de quelques années.

OIS ET DÉCRETS

POSTÉRIEURS A LA CONSTITUTION.

Nous allons compléter le tableau des mesures prises dans la première année qui suivit la Révolution, — et qui vient d'expirer au moment où ce livre paraît, — par un aperçu très sommaire des lois sanctionnées par les Cortès souveraines après le vote de la Constitution et des plus importants décrets rendus par les cabinets Serrano et Prim, devenus successivement Pouvoir exécutif et Premier ministère du Régent.

POUVOIR LÉGISLATIF.

En même temps qu'elles discutaient la Constitution ou après qu'elle fut votée, mais avant d'aborder l'examen des lois organiques, les Cortès expédièrent un certain nombre de lois spéciales destinées à parer aux besoins les plus urgents de l'administration de l'État.

La première, digne de toute louange, fut la consécration des franchises libérales issues de la Révolution. Elle fut votée à l'unanimité le 11 mars 1868, et eut pour but d'amnistier tous ceux qui avaient été condamnés pour délits de presse, ordonnant aussi que tous les procès de cette nature en cours d'instruction seraient abandonnés. Seuls, les délits de diffamation et calomnie, sur lesquels les pouvoirs publics n'ont pas d'action, furent exceptés.

Le 26 du même mois, on vota la loi fixant le contingent militaire à 25,000 hommes.

La discussion de ce projet fut très vive. On aurait voulu, le gouvernement le premier, abolir entièrement l'impôt du sang ; mais l'état de l'Europe, la situation intérieure du pays et l'insurrection des Antilles empêchèrent la réalisation de cette pensée généreuse.

On posa cependant des bases pour introduire successivement des réformes radicales dans la matière. On dicta des règles pour rendre plus facile le remplacement, et on autorisa les députations provinciales (conseils généraux) à imposer les départements pour se procurer les ressources nécessaires à l'achat de remplaçants.

Ce même esprit domina dans la rédaction de la loi du 17 avril, qui autorisa le ministre de la marine à enrôler, au moyen de la conscription maritime, les hommes nécessaires pour équiper les navires de guerre, dont plusieurs ne pouvaient, faute de matelots, quitter les arsenaux, malgré les besoins urgents du service.

Le gouvernement se montra très docile aux désirs de la Chambre, et celle-ci fixa, par une loi votée le 21 juin, l'effectif de l'armée de terre, pour 1870-71, à 80,000 hommes, faisant ainsi une réduction de 20,000 hommes sur le chiffre des années précédentes.

Les Cortès dictèrent, à cette même époque, des règles

pour la prestation du serment à la Constitution qui venait d'être sanctionnée et promulguée.

Le 17 juin, après avoir voté la loi sur la Régence du royaume, la Constituante élut Régent et chef du Pouvoir exécutif le maréchal Serrano, duc de la Torre, mais tout en lui conférant cette haute dignité, elle lui retira le droit, qui appartient au Régent d'après la Constitution, de sanctionner les lois et de dissoudre les Cortès constituantes.

Celles-ci gardaient pour elles, au moyen de cette restriction, le pouvoir souverain. Ce fut une mesure de prudence imposée par les circonstances.

Un vote du 20 juin donna force de loi à tous les décrets expédiés par le Gouvernement provisoire, depuis sa constitution jusqu'à l'ouverture de la Chambre.

La mesure était logique, puisque tous les décrets provisoires s'étaient inspirés des principes de liberté et de progrès proclamés par la Révolution ; elle était nécessaire, parce que ces décrets étaient la base du droit nouveau et une espèce de code politique provisoire, qu'il fallait conserver durant le temps que l'on rédigeait les vraies lois organiques.

Le 14 juin, la Chambre abolit la régie du sel. Comme toutes les réformes radicales en matière financière, celle-ci se traduisit par une diminution immédiate dans les recettes, mais ce déficit passager disparaîtra d'autant plus vite que le sel, très abondant et excellent en Espagne, peut devenir, maintenant que son exploitation est libre, une industrie importante et un élément considérable d'exportation. Les salaisons sont appelées aussi, à notre avis, à une grande augmentation, grâce à cette mesure ; le poisson foisonne sur les côtes d'Espagne et le prix élevé du sel était la grande entrave qui s'opposait au développement de cette importante industrie.

Peu de temps après, on abolit aussi la régie du tabac, en fixant des délais prudents pour l'application de cette mesure, de façon à garantir les intérêts de l'Etat et ceux du commerce.

Le 30 juin fut voté le budget des recettes qui avait été présenté à la Chambre par M. Figuerola, le 19 avril, conjointement avec celui des dépenses ; il est en vigueur, du 1er juillet 1869 au 30 juin 1870.

Ce budget, le premier rédigé depuis la Révolution, ne répondait pas entièrement aux antécédents de celle-ci. Il n'était ni assez radical, ni assez vrai. C'était un budget *mirage*, à l'instar de ceux de l'ancien régime où l'équilibre était illusoire. Mais M. Figuerola effaça ces taches par ses franches explications. Les Cortès n'approuvèrent que le budget des recettes, réservant pour la session actuelle la discussion du budget des dépenses, dans lequel elles exigèrent des modifications et des économies sérieuses, suffisantes pour produire un équilibre *réel* et l'extinction du *déficit*.

Ce budget de recettes est évalué à 215,613,800 écus, soit 558 millions de francs, approximativement. Ce chiffre sera, à notre avis, fertile en déceptions. Les contributions directes, qui entrent pour une forte proportion dans les éléments qui le composent, souffriront une réduction par suite des difficultés qu'éprouve la perception de l'impôt dit capitation, et les contributions indirectes, douanes, etc., se ressentiront forcément du ralentissement que l'agitation politique produit dans les affaires.

De l'examen, même rapide, de ce document financier, naissent deux autres réflexions, que notre impartialité nous fait un devoir de mettre en lumière.

La première, c'est que l'on porte au chapitre des recettes normales le produit des ventes de propriétés de l'Etat, lequel est incertain et transitoire. Il figure dans le budget de M. Figuerola pour 76 millions de francs. Si ce chiffre était perçu, cette source de recettes serait épuisée dans cinq ans, l'Etat n'ayant plus que 350 millions de francs de propriétés à vendre, même en admettant qu'on recule le désamortissement jusqu'à ses dernières limites.

La seconde réflexion est celle-ci : L'excédant des recettes des colonies, applicable aux obligations de la Péninsule, est estimé par M. Figuerola à 5,100,000 fr., C'est-à-dire que dans cette somme si insignifiante, l'Espagne doit trouver la compensation du discrédit qui rejaillit sur elle par la conservation de l'esclavage aux Antilles, et surtout celle des 40,000 péninsulaires que les provinces d'Outre-mer engloutissent chaque année, et qui entrent pour une si forte proportion dans la dépopulation de la métropole. Les circonstances actuelles, c'est vrai, sont anormales, mais outre qu'on ne peut aisément calculer leur influence, pendant qu'elles existent, les Antilles, loin de rien rapporter, coûtent des sommes importantes. C'est ici le moment de faire remarquer que Cuba et Porto-Rico n'ont jamais rapporté en moyenne que 25 millions de francs annuels, somme qui, à notre avis, ne compense pas les sacrifices qu'elles imposent à la mère-patrie.

Puisque le budget des dépenses n'a pas été voté, nous croirions sortir de notre cadre en l'analysant. Parlons seulement pour mémoire de deux de ses chapitres qui sont à eux seuls l'explication des embarras financiers de l'Espagne et le secret de la force qui a poussé cette pauvre nation au bord d'un gouffre qui menace d'engloutir son avenir. Ces deux chapitres, *triste legs de l'ancien régime*, sont les *intérêts de la dette* et les *pensions des classes passives*.

Les premiers absorbent 2,143 millions de francs, les secondes, 44 millions, soit un total de 257 millions de francs de dépenses sur un budget dont les recettes ne peuvent être estimées aujourd'hui à plus de 500 millions !

Qu'on s'étonne si, avec un héritage pareil, la Révolution a de la peine à remonter le courant de la ruine et à franchir les obstacles qui s'opposent à la régénération du pays !

Ce n'est pas encore tout. Dans le budget de M. Figuerola ne figurent ni le déficit provenant de la liquidation générale de l'ancien régime, dont nous avons parlé dans la première partie de ce livre, ni celui de l'exercice provisoire, alors que la crise révolutionnaire mit en désarroi toutes les sommes du revenu public et augmenta les dépenses.

Mais M. Figuerola, en ministre honnête, signala cet arriéré aux Cortès, qui introduisirent dans la loi du budget l'article 17, où il est dit : « Après le vote du budget, « le ministre des finances présentera aux Cortès un pro- « jet de nouvel impôt suffisant pour éteindre la moitié « au moins du déficit des exercices antérieurs. »

Cette résolution est l'affirmation de la volonté financière de la Chambre, d'après laquelle l'Etat équilibrera réellement, à l'avenir, ses dépenses avec ses recettes, et s'imposera extraordinairement pour éteindre le déficit dans le plus court délai possible.

C'est tout ce que l'on peut exiger d'une nation probe, et nous sommes convaincu que l'Espagne, qui tient à ce titre par-dessus tout, fera des efforts suprêmes pour ne pas manquer à cet engagement.

Si M. Figuerola n'a pas remanié de fond en comble les finances, ce n'est pas le désir qui lui a manqué, c'est le temps qui a été insuffisant pour accomplir, avant la rédaction du budget, cet immense travail; ce sont les circonstances aussi qui ne l'ont pas aidé.

Mais on voit, par la sincérité avec laquelle la Révolution montre les plaies les plus secrètes de la situation, que le mal lui est connu, qu'elle a le courage et l'honnêteté de l'avouer et la ferme volonté de le guérir.

Déjà M. Figuerola avait réuni dans ses bureaux, avant sa retraite, des éléments précieux d'étude pour accomplir cette réforme radicale que l'on annonce comme devant être accomplie par son successeur, M. Ardanaz, dans la prochaine session législative, et qui, nous le savons pertinemment, a été une des grandes préoccupations du maréchal Prim pendant son dernier séjour en France.

En votant le budget, les Cortès approuvèrent les nouveaux principes économiques qui doivent servir de base aux lois organiques. Nous relèverons parmi eux la régularisation de l'impôt et la fixation de son maximum, la réforme du cadastre comme base équitative de la répartition de l'impôt, la publicité des opérations qui doivent précéder cette répartition, faite par les contribuables eux-mêmes, assistés des délégués de l'Etat; l'exemption des droits de succession directe, d'autres exemptions favorables au développement du capital et du crédit, la modification des tarifs douaniers, la liberté absolue d'exportation et celle d'importation, bornée seulement par la défense de circulation imposée par le Code aux marchandises qui peuvent mettre en danger la sécurité publique.

Nous croyons pouvoir espérer sans utopie que l'application sincère de ces principes est appelée à ranimer les sources épuisées du Trésor et à développer les transactions et la production, bases de la richesse publique.

Le 10 juillet, on vota une autre loi financière d'après laquelle on déclara prescrites toutes les créances contre l'Etat dont les possesseurs n'auraient pas gestionné la reconnaissance ou la liquidation dans les délais fixés depuis longtemps par les pouvoirs constitués. Cette loi est juste, elle est basée sur le principe universellement accepté de la prescription. En Espagne, où il est urgent de liquider la situation financière, on ne pouvait laisser plus longtemps la porte ouverte à des réclamations qui empêcheraient d'établir avec précision le bilan de la dette publique.

Une autre loi, qui obéit au même désir de liquidation générale, est celle qui fut approuvée le 13 juillet. D'après elle, on doit activer par des procédures sommaires la rentrée des cotes arriérées des contribuables, refusant à ceux-ci le recours contentieux contre les percepteurs jusqu'à ce qu'ils aient satisfait à leurs reçus.

Cette décision est notoirement équitable. Si on pouvait refuser le payement des impôts sous prétexte qu'ils sont injustes, le Trésor ne tarderait pas à se vider dans tous les pays.

Cette loi décide aussi que les bons du Trésor seront reçus en payement de ces arriérés pour toute leur valeur nominale.

Avant de finir ce rapide aperçu des actes du pouvoir législatif, parlons d'une loi de la plus grande importance qu'on est à la veille de discuter à la Chambre.

C'est la loi sur les chemins de fer.

Cette loi, appelée à faciliter la liquidation des chemins de fer espagnols, est fort importante et d'une grande urgence. La préférence qui lui a été accordée par la Révolution prouve la sollicitude de celle-ci pour le crédit du pays et pour les intérêts étrangers.

Les chemins de fer espagnols se trouvent pour la plupart dans une situation externe. Grâce aux erreurs commis dans les projets tant sur le coût de la construction que sur le rapport probable des lignes, ces entreprises sont en plein désarroi, leur valeur réelle suffit à peine à couvrir la valeur des *obligations* émises ; quant aux actions leur capital a été englouti et est une non-valeur depuis longtemps. Cependant la loi actuelle qui régit cette branche industrielle est si défectueuse que la liquidation, soit par voie de mandat, soit au moyen de la déclaration en faillite est impossible. Il est important, par conséquent, de faire cesser une situation pareille qui entre pour beaucoup dans la paralysation de cette industrie. Les lignes concédées et qui ne peuvent arriver à trouver des capitaux pour effectuer la construction à cause du discrédit jeté par les ennemis de la loi actuelle, sont indispensables pour faire fructifier celles qui existent déjà. Elles comprennent 1,350 kilomètres et constituent tout le second réseau.

Chaque jour qui passe sans remédier à cet état de

choses aggrave la situation des lignes actuelles, dont les chiffres suivants donneront une idée. Le prix moyen de revient kilométrique des chemins de fer qui existent actuellement est de 320,000 fr.; le rendement brut de cette unité kilométrique est de 16,000 fr., et le produit net de 7,600 fr. qui couvre à peine 75 0/0 des intérêts que les compagnies doivent payer annuellement aux obligataires. Il y a donc un déficit annuel de 25 0/0, soit 17,500,000 sur 58 millions de fr., montant approximatif des intérêts et de l'amortissement des obligations.

POUVOIR EXÉCUTIF.

Tandis que le pouvoir législatif poursuivait ainsi l'œuvre de réforme politique et administrative de la nouvelle Espagne, le pouvoir exécutif dévéloppait, de son côté, les mêmes principes libéraux dans une série de décrets. Nous allons faire un rappel sommaire des plus importants, en les classant par ministères.

Fomento. — Les décrets expédiés par ce ministère, depuis l'ouverture de la Chambre, portent, comme les actes de sa gestion provisoire, l'empreinte d'un sage radicalisme.

Le 15 mars, on ouvrit l'Ecole générale agricole dans une ancienne résidence royale, *la Florida*. L'organisation donnée à cet établissement, si utile dans un pays où l'agriculture réclame tant d'attention, fut excellente.

Le 22 mars, on émancipa les juntes départementales d'instruction primaire de la tutelle du Gouvernement, en les mettant sous la dépendance des Conseils généraux. C'est un pas de plus vers la décentralisation de l'enseignement.

Le 22 avril, on créa une commission chargée d'examiner les projets présentés pour la construction des écoles publiques, afin de mettre immédiatement à exécution ce progrès important. Les travaux de cette commission doivent être considérables, puisqu'il s'agit de la construction de plusieurs milliers d'écoles.

Le 28 mai, on créa un comité supérieur d'agriculture, industrie et commerce, appelé à examiner tous les projets et toutes les réformes que l'on pense introduire dans ces trois branches de la richesse publique. Ce comité supérieur est en rapport avec des comités provinciaux dont les principales attributions sont : développer la production, dresser la statistique agricole et pécuaire, diriger les expositions et les concours, faire des rapports sur les moyens d'augmenter la population rurale, sur la fondation de colonies agricoles, sur l'irrigation des campagnes et sur tout ce qui a pour but le développement de l'industrie et du commerce. Ce comité est autorisé à présenter toutes sortes de projets de ce genre au Gouvernement, qui promet de leur accorder une attention privilégiée.

Le lecteur comprendra tous les bienfaits que ces comités peuvent répandre dans le pays, si, comme il faut l'espérer, ils se montrent actifs et zélés.

Le 31 mai, on ordonna la création d'un Panthéon national à Madrid, ce qui fut immédiatement exécuté. Grâce à cette mesure, on donna une place d'honneur dans la capitale aux restes des grands hommes qui se trouvaient oubliés, éparpillés et exposés à des profanations odieuses dans des tombes obscures indignes de leur gloire.

Le 23 juillet, on supprima par un décret les haras de l'Etat, rendant à l'industrie privée la liberté pour la reproduction de la race chevaline. Dans les anciens haras, la monte se faisait à titre gratuit; mais, malgré cela, les produits étaient médiocres et en petit nombre. Cette réforme était donc conseillée par l'expérience.

Depuis cette date jusqu'au 4 septembre, le ministre de *fomento* n'expédia que des décrets d'un intérêt secondaire. A cette dernière date, il réforma un des articles de la loi sur la propriété littéraire, d'accord avec la nouvelle loi douanière. On leva l'interdit qui pesait sur les livres imprimés en espagnol à l'étranger, et on autorisa leur introduction moyennant le payement de certains droits. Cette résolution très libérale est appelée à rendre de véritables services à la vulgarisation des idées et à devenir un puissant stimulant pour les éditeurs péninsulaires.

Le 24 septembre on nomma une commission chargée de rédiger un nouveau code du commerce sur les bases suivantes : liberté du trafic et d'association, supression des monopoles et des priviléges. Cette mesure libérale clot dignement cette période de la gestion révolutionnaire.

Guerre. — Le ministre dicta, parmi d'autres dispositions moins importantes, le décret du 16 avril, qui supprima le tribunal suprême de guerre et marine, et créa à sa place un conseil suprême de la guerre, introduisant ainsi quelques économies dans le budget. Cette réforme est importante; elle eut pour but d'appliquer le principe d'unité de juridiction proclamé par le ministre de la justice en décembre 1868. Ce décret abolit les juridictions spéciales de l'artillerie et du génie, et assigna des limites très étroites aux attributions du nouveau conseil, empêchant ainsi à l'avenir les empiétements de la juridiction militaire sur la juridiction ordinaire, loi commune des Espagnols de toutes classes.

Le 25 août, on nomma un comité chargé de rédiger le nouveau Code militaire; c'était là un besoin pressant. Les anciennes ordonnances, qui dataient du règne de Charles III, quoique ayant été une œuvre très recommandable dans leur temps, avaient fini par devenir une monstruosité. Leurs dispositions, dont chaque article était surchargé d'une masse de décrets destinés à les modifier et à les mettre en rapport avec les mœurs modernes, étaient un anachronisme. Les peines les plus barbares, les principes les plus draconniens, servaient de base à ce Code, dont la partie pénale avait fini par tomber presque totalement en désuétude.

La Révolution a été logique en accomplissant cette réforme, dont le but est de mettre d'accord les droits des citoyens avec les exigences d'une discipline dans indispensable toute armée.

Intérieur. — Après les réformes organiques introduites dans ce département, le ministre n'eut à s'occuper que de leur développement. Ce fut là le but d'un grand nombre de mesures qu'il serait oiseux d'enregistrer. Nous mentionnerons seulement le décret du 12 mars, qui dictait des règles très sévères pour assurer l'inviolabilité de la correspondance, et pour punir tous ceux qui, à un degré quelconque, se rendraient coupables de la moindre contravention dans le service des postes.

Plusieurs circulaires d'ordre public furent opportunément lancées par M. Sagasta, toutes empreintes de bonne doctrine, et où la fermeté s'alliait sagement avec le respect dû aux droits individuels, et avec la tolérance commandée par la regrettable division des partis dans la Péninsule, division que la Révolution était appelée à effacer par la modération et la justice plutôt qu'à exterminer par la violence.

Finances. — Le premier acte de M. Figuerola, après l'ouverture des Cortès, fut la négociation de l'emprunt d'un milliard de réaux, qu'il avait été autorisé à contracter par une loi du 31 mars 1869.

On ne connaît pas encore l'économie de cette négociation qui ne réussit qu'à moitié, se heurtant à de grands obstacles suscités par les circonstances critiques que la nation traversait et par une opposition formidable. Malgré les clameurs de la presse et de la tribune, M. Figuerola refusa toujours de s'expliquer sur les conditions de la négociation. Ce fut là une des causes principales de son impopularité.

A défaut de renseignements officiels pour juger cette opération, nous croyons opportun de réserver notre appréciation, tout en constatant les effets regrettables produits sur le crédit de la Péninsule par la forme mystérieuse de cet emprunt que la *Banque de Paris* se chargea d'émettre.

On ne comprend pas comment M. Figuerola, qui avait débuté par une franchise sans précédent dans sa gestion et qui devait comprendre que, dans le désarroi financier de l'Espagne, la lumière et la vérité étaient les meilleurs leviers pour relever le crédit, se départit de ses louables habitudes dans cette circonstance importante.

Constatons, pour en finir avec cet emprunt, que, d'après l'opinion générale, la moitié de son chiffre, soit 125 millions de francs, a été seulement placée.

Le 25 mars on autorisa l'introduction par les douanes espagnoles des bibles et autres livres de piété protestants imprimés à l'étranger, moyennant le payement de certains droits.

Ce fut rompre avec les traditions d'intolérance familières à l'ancien régime si docile envers l'influence théocratique de l'Eglise régnante.

Le 19 avril M. Figuerola déposa dans les bureaux des Cortès le projet de budget dont nous avons déjà parlé, en nous occupant des actes du pouvoir législatif.

Le 5 mai on ordonna de distribuer aux compagnies de chemins de fer les subventions qui leur avaient été accordées par une loi du 11 juillet 1867.

Cet acte de justice et de respect aux engagements pris par l'ancien régime dans l'exercice régulier de ses pouvoirs est digne d'approbation. Il constitue une réponse aux craintes que l'on fait semblant de nourrir sur la solidité des contrats que le Gouvernement actuel peut contracter en matière financière.

Le 17 mai M. Figuerola présenta à la Chambre un plan de réforme financière qui n'a pas encore été discuté, et qui prouve son zèle et les préoccupations dont nous parlions plus haut. Ce projet renferme non-seulement le développement des principes qui servirent à rédiger le budget, mais les bases sur lesquelles, d'après l'avis de son auteur, on devrait fonder la réforme financière dans la Péninsule.

Cet exposé très lucide est d'une grande extension. Dans l'impossibilité de résumer toutes les idées qu'il renferme, nous citerons celles de capitaliser en rentes publiques les pensions des *classes passives;* d'unifier la législation sur les monts-de-piété; de simplifier la comptabilité et de diminuer le personnel administratif, qui sont les principales. Comme M. Figuerola est sorti du cabinet et que son successeur a, peut-être, un plan différent, nous croyons superflu de développer l'analyse de ce projet.

Le 14 août on établit une direction générale de statistique chargée de former le cadastre. On sait quelle est l'importance de ce travail. Il n'y a pas d'équité dans la distribution de l'impôt ni de régularité possible dans sa perception, sans cet élement fondamental de toute bonne administration financière.

Le 28 du même mois on réglementa les fonctions du comité chargé de rédiger les tarifs moyens des marchandises exportées et importées. Ce travail est d'une grande utilité pour le remaniement successif des tarifs douaniers, appelés par un sage mouvement à favoriser celui du commerce et à développer la production.

Outre-mer. — Les travaux de ce ministère se trouvèrent paralysés, dans le sens des réformes, par les raisons que nous avons indiquées dans la première partie de ce livre. L'attention du ministre dut se porter principalement vers les exigences de la lutte armée qu'on soutenait à Cuba. Il fit des grands efforts pour calmer l'effervescence de la Révolution, adressant à cet effet des recommandations pressantes aux capitaines généraux des Antilles.

Le 30 avril M. Ayala réforme le système d'impôts à Porto-Rico.

Le 2 mai on réorganisa, avec un esprit libéral, la carrière judiciaire et la magistrature dans toutes les provinces d'outremer.

Le 2 juin on réduisit considérablement, par un décret, les impôts de Cuba.

En date des 8 et 11 mai on expédia un décret diminuant les traitements de l'archevêque et des évêques des îles Philippines et augmentant celui du bas clergé et des missionnaires de ces parages.

Tous ces décrets ont pour but de simplifier les rouages de l'administration et d'introduire des économies dans les dépenses.

Le 12 septembre on nomma un comité chargé de préparer les réformes politiques et administratives de Porto-Rico et l'abolition de l'esclavage dans cette île.

Le 15 du même mois le ministre nomma une commission chargée de proposer les mesures nécessaires à l'application dans les provinces d'Outre-mer du Code pénal de la Péninsule. Cette réforme, dont l'initiative appartient à M. Ayala, comme nous avons dit plus haut, va donc devenir un fait sous l'administration de M. Becerra, nouveau ministre d'Outre-mer, dont les idées démocratiques sont de notoriété publique.

Le 26 septembre on établit un hôtel des Monnaies à Cuba.

Enfin, le 28 du même mois, on accorda aux Antilles la liberté religieuse, mesure d'autant plus politique et équitable que ces îles regorgent d'étrangers qui n'appartiennent pas au culte catholique.

A cette occasion il ne sera pas hors de propos de rappeler qu'une des causes qui contribuèrent à faire éclater la dernière insurrection de Saint-Domingue contre l'Espagne, fut l'intolérance de l'archevêque espagnol, qui fit fermer les temples des protestants et déclara nuls tous les mariages qui n'eussent pas été sanctionnés par l'Eglise catholique.

Justice et Cultes. — M. Zorrilla, devenu titulaire de ce ministère, y apporta son esprit de réforme. Il commença par remanier le personnel, supprimant des places et introduisant des économies dans le budget de son nouveau département.

Ensuite il entreprit la vraie campagne qu'il y avait à poursuivre dans le ministère des cultes, et dont le but était de faire rentrer dans l'obéissance et le respect de l'Etat et de renfermer dans le terrain purement religieux l'action du clergé.

M. Zorrilla fit preuve de son énergie habituelle dans cette partie de sa gestion. Ses circulaires à l'épiscopat, à propos de la conduite criminelle suivie par un grand nombre de membres du bas clergé pendant les impuissantes tentatives des carlistes, furent dignes et fermes en même temps que modérées. Il y ordonnait aux prélats de blâmer, dans des mandements spéciaux, l'intromission coupable et honteuse de quelques-uns de leurs subordonnés dans les échauffourées armées des partisans de Don Carlos de Bourbon. La plupart des évêques obéirent à ces injonctions. Quelques-uns résistèrent, et, alors, le ministre les déféra aux tribunaux compétents, montrant ainsi que la Révolution était décidée à ne pas tolérer la conduite factieuse du clergé, habitué en Espagne à mépriser les lois civiles et à s'immiscer dans les affaires politiques.

M. Zorrilla activa aussi les démarches faites pour obliger le clergé à prêter serment à la Constitution, et sa ferme attitude obligea celui-ci à rentrer dans l'humilité et l'obéissance, dont il doit donner l'exemple pour avoir droit au respect public.

Enfin M. Zorrilla, dont la féconde action laissera des traces durables dans l'administration espagnole, se livra, depuis son arrivée à ce département, à un travail préparatoire qui doit amener dans un bref délai la réduction du budget des cultes, d'après les principes que nous avons exposé en parlant de cette question, dans la première partie de ce travail.

Aussi ce ministre reçut les félicitations du parti libéral espagnol pour cette conduite énergique, et il a mérité sans doute les applaudissements de tous les esprits démocratiques sans distinction de nationalité.

Marine. — Dans ce département on ne rendit, depuis la réunion des Cortès, aucun décret d'importance internationale.

On affirma l'existence de l'amirauté, qui commença à fonctionner le 1er mai. On réduisit à ses limites naturelles la juridiction de la marine, poursuivant toujours l'idée de l'unité du Code pour tous les Espagnols, et on dicta des règles sages et équitables pour l'avancement des officiers de la flotte ainsi que pour leur retraite.

On supprima définitivement la classe de *généraux de brigade*, et M. Topete continua à donner dans toutes ces mesures de détail des preuves d'une grande capacité et d'un rare désintéressement personnel, en refusant l'avancement auquel il avait droit par suite de ces reformes.

Affaires étrangères. — M. Silvela, successeur de M. de

Lorenzana, n'a pas eu occasion, depuis son arrivée aux affaires, de prendre de grandes mesures. Il s'est borné à suivre les bonnes traditions de son prédécesseur, à introduire des réformes dans l'administration intérieure de son département, à seconder l'idée génerale d'économies qui anime le cabinet, et à informer l'Europe de la marche de la Révolution par des circulaires, très remarquables et très remarquées, adressées à ses agents à l'extérieur.

Telles furent les principales mesures du pouvoir exécutif depuis l'ouverture des Cortès jusqu'au 4 octobre, jour de la réouverture de la nouvelle session législative.

Toutes furent inspirées par la même idée : compléter et consolider l'exécution du programme de la Révolution.

EPILOGUE

Nous voici au terme de cet exposé.

Nous avons tenu notre promesse, écartant de notre travail toute passion, toute influence de parti, louant avec mesure ce qui était louable, blâmant sans réserve ce qui méritait le blâme. Sobres de commentaires, nous nous sommes attaché le plus possible à enregistrer des actes, selon la devise : « Pas de paroles, des faits. »

Nous ne croyons avoir passé sous silence rien de ce qui marqua la gestion des trois phases gouvernementales que l'Espagne révolutionnaire a traversées : la période provisoire, celle du pouvoir exécutif et la régence.

Nous allons résumer nos appréciations et tâcher de dégager en quelques lignes la résultante de la Révolution de septembre.

Un fait est acquis tout d'abord, à savoir : que les hommes qui ont entrepris, dirigé, accompli ce grand mouvement, ont fait preuve d'un désintéressement extrême. L'honnêteté la plus scrupuleuse a présidé à leurs actes. Ayant eu cent occasions de justifier la dictature, ils ont couru les risques qu'entraîne la liberté absolue, quand elle est accordée brusquement à un pays tyrannisé pendant des siècles et en proie aux meneurs d'opinions extrêmes, plutôt que de mentir à leur programme, en centralisant les pouvoirs et en proclamant, comme cela s'est fait presque partout, des lois de salut public le lendemain de leur triomphe.

Ils ont fait preuve aussi d'une rare modération, d'une grande générosité envers leurs adversaires.

L'œuvre révolutionnaire est grande au point de vue politique comme au point de vue religieux.

La Constitution votée par les Cortès est plus radicale, plus démocratique, plus libérale encore que le programme révolutionnaire.

L'inviolabilité des droits individuels et la liberté des cultes sont des conquêtes de telle importance qu'elles seules suffiraient à glorifier la Révolution. La trace de pareils bienfaits restera éternellement et marquera, dans l'histoire de la Péninsule, une de ses plus belles périodes. C'est la proclamation des droits du citoyen, l'affranchissement politique des Espagnols, la délivrance de leurs consciences traditionnellement asservies.

Il n'y a donc place que pour l'admiration dans cette partie de l'œuvre révolutionnaire qui, quel que soit l'avenir réservé à l'Espagne, restera une source féconde de grandeur et de civilisation.

Restent les questions de détail, secondaires en principe, capitales par le fait dans la Péninsule. En ceci l'œuvre est loin d'être complète, on pourrait même dire qu'elle est à faire.

Ces questions peuvent se réduire à quatre :

Ordre public ;

Réforme financière ;

Cuba ;

Election du chef de l'Etat.

Aucune de ces questions, sauf la dernière, n'est le fait spécial de la Révolution.

Elle les a trouvées debout, menaçantes ; mais, en saisissant le pouvoir, elle en a accepté la responsabilité, et elle n'aurait plus de raison d'être, elle tomberait même sous la risée publique si elle ne parvenait pas à les résoudre

Pouvait-elle arriver à une solution complète et satisfaisante dans le délai d'une année ?... On ne peut hésiter à répondre : non. Il n'y a que des esprits superficiels ou des ennemis de la Révolution qui puissent prétendre le contraire.

La question d'ordre public ne pouvait être tranchée d'emblée dans un pays où le peuple est ignorant, fanatique, exalté par suite de tant de siècles d'obscurantisme, et où il s'est accoutumé à ne reconnaître d'autre autorité que celle qui s'impose par la force. Or, il était impossible de recourir à la violence, du jour où l'émancipation était proclamée, sans trahir la liberté, la Constitution, et mentir au programme révolutionnaire.

Pour que l'on pût sévir, proclamer des lois d'exception, suspendre les garanties constitutionnelles — seul moyen de rétablir l'ordre subitement dans un pays où les éléments de désordre sont si nombreux — il fallait que les partis extrêmes se missent par leurs excès, d'autant plus blâmables et injustifiés que la liberté était absolue, hors de la loi commune.

Le Gouvernement a donc bien fait en les laissant arriver à cette extrémité, en maîtrisant son indignation et en résistant à l'entraînement produit par le mécontentement et l'impatience des conservateurs effrayés. Ce que l'on a qualifié de faiblesse n'était que patriotisme, amour de la liberté, respect de la loi fondamentale.

Le Gouvernement aurait pu prévenir, dit-on; mais si c'est là le premier devoir d'un gouvernement dans des circonstances normales, il n'en est pas de même au lendemain d'une révolution; ce qui était un devoir devient une faute, presque un abus. Il faut, dans de pareils moments, laisser le champ libre à toutes les exagérations, à la propagande de toutes les doctrines, afin de fournir aux peuples les moyens de juger tout pratiquement.

Pour guider le char de l'Etat au milieu de pareilles secousses, il faut avoir le cœur haut placé, la main sûre, la conscience tranquille. Il s'agit de laisser aller une nation jusqu'au bord de l'abîme, afin qu'elle puisse en sonder la profondeur ; il faut être assez sûr de ses propres forces pour se dire qu'on saura la retenir à temps et empêcher qu'elle y roule.

Telle est la gloire du Gouvernement actuel.

Après les rudes épreuves de cette première étape révolutionnaire, l'Espagne sait ce qu'elle peut espérer et ce qu'elle a à craindre des absolutistes et des fédéralistes.

Elle a vu les premiers revenir avec tout l'odieux attirail des temps anciens, avec la tyrannie et le fanatisme pour acolytes, avec la haine de tous les progrès.

Elle a vu aussi ces soi-disant fédéralistes, et elle leur a entendu définir leur idéal républicain : le démembrement de la nation, la destruction de son unité, le partage des biens, l'abaissement de tous ceux qui s'élèvent et la ruine de tous ceux qui possèdent.

L'Espagne est donc édifiée, et elle n'aura pas payé trop cher par quelques mois d'agitation l'expérience qu'elle a acquise.

Le Gouvernement n'a pas trop présumé de ses forces en affrontant ces dangereuses épreuves ; il a su à temps conjurer la tempête. Sans violence, sans colère, sans cruautés, il a réprimé l'insurrection à Cadix, à Malaga, à Xérès, en Catalogne, dans l'Aragon et à Valence, chaque fois qu'elle a levé la tête au cri de *Vive Charles VII !* ou au cri de *Vive la République fédérale !*

Il a montré dans ces circonstances autant de force que de modération.

Seulement, toute chose a un terme, et il ne faut pas prolonger au-delà des bornes rationnelles cette période d'expériences, sous peine d'introniser pour toujours l'anarchie. Le moment est venu de rétablir l'ordre d'une façon solide. Le Gouvernement n'ignore pas cela, et le maréchal Prim s'est fait l'écho de cette conviction, le jour de la réouverture des Cortès, en proclamant sa ferme intention d'en finir avec cet état provisoire, et en réclamant de la Chambre une loi d'ordre public qui fournît au Gouvernement les moyens d'entreprendre cette tâche.

A l'heure où nons écrivons ce résumé la loi est déjà votée d'urgence, et il n'est pas douteux que, grâce à elle, grâce aussi à la ferme attitude que va prendre le Cabinet, soutenu par la confiance de la majorité du pays, on n'arrive promptement à dissiper des nuages que l'on se plaît d'ailleurs à voir beaucoup plus noirs et plus menaçants de ce côté des Pyrénées qu'ils ne le sont en réalité.

La solution de la question financière sera plus longue et plus difficile. Comme tout le monde le sait et comme nous l'avons répété plusieurs fois dans le cours de ce travail, elle est le résultat de plusieurs années de prévarications et de gaspillage. Elle s'est encore compliquée des difficultés créées par les dépenses extraordinaires que des événements tels que l'insurrection des Antilles et les troubles intérieurs ont imposées au Trésor.

Le Gouvernement, pendant cette première année de gestion, n'a pu faire autre chose que préparer les éléments nécessaires à l'accomplissement d'une tâche d'autant plus pénible, qu'il fallait en même temps tenir les engagements du programme révolutionnaire, lequel portait la libéralisation de l'administration financière.

Equilibrer un budget qui se traduit depuis des années par un déficit de 33 p. 100, déficit qui devait s'augmenter encore par la suppression des monopoles de l'Etat et par l'abolition de certains impôts odieux; liquider l'arriéré formidable laissé par l'ancien régime, et faire face à toutes les dépenses d'une guerre civile, dans les deux continents, c'est là une besogne qui n'était certes pas aisée. Ceux qui s'étonnent qu'elle n'ait pas été terminée en douze mois — une minute dans la vie d'un peuple — ont une singulière façon de juger les choses. Il est inadmissible qu'un esprit impartial et sérieux soutienne une semblable exigence. Le Gouvernement, après des tâtonnements, après des erreurs de détail qui sont le fait de tout œuvre humaine, et que l'on aurait par conséquent mauvaise grâce à lui reprocher, est à la veille d'arriver au résultat désiré.

Les économies dans les dépenses vont être portées à leurs dernières limites. Dans un exposé fait à la Chambre il y a quelques jours, le président du Conseil ne les estime pas à moins de 400 millions de réaux, et nous croyons savoir que la réforme sera complétée par des mesures sages et efficaces sur la rente, prises d'après l'avis des sommités financières de l'Europe.

Tel qu'il nous a été exposé, ce système général, que nous ne pouvons révéler dans ses détails, nous semble appelé, s'il est appliqué avec vigueur, à régénérer le crédit et à couper court aux embarras financiers de la Péninsule.

Tout s'enchaîne d'ailleurs, ne l'oublions pas : l'ordre rétabli, les finances s'améliorent et si l'on arrive à gagner du temps, tout doit être sauvé par la seule force des lois économiques promulguées par la Révolution, lesquelles sont appelées à augmenter dans de fortes proportions les recettes de l'Etat.

En ce qui regarde Cuba, ce n'est pas nous qui entreprendrons ici d'examiner à fond cette question délicate ni de préjuger quelle serait la meilleure solution possible.

Etant donné la situation actuelle, il n'y a qu'un souci qui puisse rester au cœur de tout Espagnol — et c'est aussi sans doute la principale préoccupation du Gouvernement : vaincre la rébellion et sauver l'honneur du drapeau.

Il n'est pas douteux d'ailleurs que l'insurrection, en pleine décroissance, ne tardera guère à être étouffée, grâce aux renforts que l'on expédie. Alors, le moment sera venu, la dignité nationale n'étant plus en jeu, d'examiner froidement s'il y a intérêt à conserver la domination d'une île dont la population, en grande partie, semble abhorrer les liens qui la rattachent à la Péninsule.

En attendant, on affranchit la colonie de toutes les tyrannies qui l'opprimaient; le nouveau ministre d'Outre-mer, esprit clairvoyant et libéral, dirige tous ses efforts de ce côté.

Chaque jour voit paraître un décret appelé à démontrer aux Cubains que la Révolution n'a jamais vu en eux que des frères. Si les réformes accomplies, l'esclavage aboli, les droits du citoyen reconnus, la liberté accordée de fait, ne suffisent pas à rétablir la bonne harmonie entre les Cubains et les Espagnols, alors l'Espagne, maîtresse des grandes Antilles, sur lesquelles ses habitants actuels n'ont aucun droit, ainsi que nous l'avons dit plus haut, donnera à cette question si longtemps débattue une solution définitive, conforme au droit des nations et à sa propre dignité.

Pour nous, qui croyons bien finie l'époque de la politique sentimentale et qui estimons que l'on doit chercher avant tout l'utilité dans l'administration de la chose publique, notre opinion dans l'affaire du Cuba est toute faite; elle est basée d'ailleurs sur une connaissance approfondie du pays. Nous regardons la conservation de Cuba comme préjudiciable à l'Espagne; nous en avons déjà expliqué la raison. A notre avis, l'Espagne devrait abandonner au plus tôt ses droits sur la colonie, à des conditions avantageuses, et reporter toute son attention sur les Philippines, qui, sans présenter les mêmes inconvénients que la grande Antille, peuvent devenir d'un rapport bien plus considérable.

Sans doute, c'est là une opinion toute personnelle et que nous n'avons la moindre prétention d'imposer à nos lecteurs ; mais elle n'en a pas moins le droit d'être respectée, autant que celle qui donne à la conservation de Cuba une importance capitale au point de vue de la prospérité péninsulaire.

Nous arrivons à la dernière question : l'élection du chef de l'Etat, que l'on persiste à regarder comme le point capital de la Révolution. Cet avis est discutable ; mais supposons qu'elle ait l'importance qu'on lui prête.

Veut-on tirer un argument puissant contre la Révolution de ce qu'elle n'a pu trouver la solution de ce problème le lendemain même de son triomphe ?

Cela serait absurde. Pour effectuer le mouvement révolutionnaire, il a fallu compter avec les trois partis qui constituent en Espagne le camp libéral : les progressites, les unionistes, les démocrates. Or, depuis l'accomplissement de la Révolution, il n'a pas été possible de mettre d'accord ces trois partis sur le choix du candidat. Sur un seul point, tous s'entendaient : l'exclusion des Bourbons. Mais l'accord se bornait là. La majorité des progressistes, pour qui l'élection d'un monarque n'était pas une affaire d'ambition, voulaient profiter de la vacance du trône pour réaliser une grande idée : l'union ibérique. Plusieurs hommes importants de l'unionisme pensaient comme eux. Le Gouvernement qui, dans toute cette affaire, a montré un grand désintéressement, un respect profond de la volonté du plus grand nombre et un dévouement sans bornes, entama des négociations à ce sujet. Elles se heurtèrent tout d'abord et finirent par se briser contre les scrupules et les indécisions des princes de la maison de Bragance, que ce projet trouva favorables, mais manquant du courage civique nécessaire pour mener à bien une pareille entreprise. Les intrigues des partisans d'autres candidatures achevèrent la ruine de ce plan.

Alors le gouvernement, ou pour mieux dire les hommes qui, en première ligne, représentaient au pouvoir la Révolution, les maréchaux Serrano et Prim tournèrent les yeux vers les familles régnantes en Europe, afin d'y chercher un prince. Il n'y en avait pas un qui fût à la hauteur du rôle dont on voulait l'investir, les races royales dégénérées n'offrant partout que de piètres rejetons, écrasés plutôt que relevés par le rang que leur naissance leur a donné.

Que faire en pareille occurence?

Imposer au pays le candidat d'une seule fraction ?

Cela n'aurait été possible, quoique toujours injuste et impolitique, que si cette fraction seule avait effectué la Révolution.

Choisir un roi parmi les simples citoyens ?

Espartero, Serrano, Prim?

C'eût été folie. Les peuples n'acceptent ces souverains-là que lorsqu'ils s'imposent le lendemain d'une victoire, et encore est-il nécessaire, pour qu'ils s'affirment, qu'ils soient un peu dictateurs et qu'un grand génie ou une grande force les soutienne.

Il ne restait donc qu'à prolonger l'interrègne, et à le constituer de façon à ce qu'il pût suppléer encore quelque temps la forme de gouvernement définitive. C'est ce qu'on fit en nommant le maréchal Serrano régent du royaume.

Pour la République, il n'y fallait point songer; les neuf dixièmes de la population la refusaient, et ceux mêmes qui avaient pour elle des sympathies redoutaient son établissement, sachant quels hommes et quels principes elle ferait triompher en Espagne.

Le crime de Tarragonne, les actes vandalistes commis par les bandes insurgées, au cri de : « Vive la République ! », à l'heure même où nous écrivons ces lignes, démontrent suffisamment combien ces appréhensions étaient fondées.

Sans doute, l'Espagne ne peut rester indéfiniment dans cette situation provisoire ; cela est certain, et les divers éléments qui constituent le monde politique — Assemblée législative, Gouvernement, partis — s'efforcent de mettre un terme à cet état de choses.

Mais il faut du temps pour se tomber d'accord. L'exemple de la Belgique, de la Grèce, de la France elle-même, qui est restée de 1848 à 1852 dans l'attente d'un nouveau chef de pouvoir exécutif, ces exemples sont là pour montrer qu'on n'arrive pas en quelques mois à constituer un gouvernement définitif. Et cependant, ces pays n'étaient pas, au même degré que l'Espagne, la proie des partis les plus divers, et ils n'avaient point à lutter tout d'abord contre les difficultés de la guerre civile.

Qu'on ne s'étonne donc point de ces lenteurs dans le choix d'un monarque, et que l'on cesse d'accabler de reproches à ce sujet le Gouvernement provisoire.

Avant tout, il s'agit de consolider l'œuvre de la Révolution et de la compléter, et il reste encore beaucoup à faire sous ce rapport, malgré l'activité qu'on a déployée.

Il s'agit aussi de rétablir l'ordre et le respect du principe d'autorité, bases nécessaires de toute société.

Quel serait le sort d'un roi qui monterait sur le trône avant que l'œuvre dont nous parlons soit achevée, avant que l'Espagne soit en quelque sorte écumée et débarrassée de cette vase dont l'a souillée l'effervescence révolutionnaire ?

Un tel règne ne manquerait pas de s'inaugurer par la guerre civile.

Prétendre que l'Espagne se calmerait par le prompt avénement d'un prince, qu'un parti imposerait aux autres, cela ne se peut sérieusement. De quoi donc accuse-t-on le Gouvernement dont les membres, en cette circonstance, ont fait preuve de réserve et d'impartialité au point d'oublier, une fois au pouvoir, leurs sympathies individuelles comme hommes de parti ?

Ce n'est point, ne l'oublions pas, au Gouvernement actuel qu'il appartient de résoudre la grande question d'un chef à donner à l'Espagne, et il ne le tentera point, parce que sa loyauté lui interdit d'exprimer aucune opinion en cette affaire. C'est l'œuvre du pays, les partis abdiquant toute passion et se réunissant dans une commune entente pour le bien de la patrie ; c'est l'œuvre des Cortès, appelées à ratifier le vœu explicite ou implicite de la nation.

Si l'on arrive à ce degré de sagesse et de patriotisme, la solution sera facile, et peut-être, sans sortir d'Espagne, trouvera-t-on le prince qu'il faut pour inaugurer l'ère régénératrice, celui qui fournira toutes les garanties demandées et dont on pourra répondre, en l'asseyant sur le trône, qu'il sera non plus le roi d'une fraction des Espagnols, mais du peuple espagnol tout entier.

Mais encore une fois, l'heure de cette élection tant désirée ne pouvait être avancée ; elle n'a point sonné encore ; on a attendu et l'on a bien fait. Mieux vaut l'intérim qu'une mauvaise solution conseillée par le désespoir ou l'enthousiasme, et qui amènerait pour le lendemain un repentir fatal.

Et ce qu'il faut admirer en ces circonstances, c'est précisément la prudence des pouvoirs publics issus de la Révolution, la loyauté de ses chefs, dont aucun, malgré les instigations de quelques amis trop zélés et les conseils perfides des ennemis, n'a songé à faire tourner à son profit, en escaladant les marches du trône, l'impatience des classes conservatrices criant sans cesse après un roi, comme les grenouilles de la fable.

—

Cependant les événements se précipitent ; d'autres complications sont survenues en Espagne depuis que nous avons commencé le dernier chapitre.

A quelque chose malheur est bon. La récente insurrection républicaine aura eu ce résultat satisfaisant de précipiter le dénouement de la Révolution, en resserrant les liens entre les divers partis libéraux, et en discréditant pour longtemps la forme républicaine telle qu'elle est comprise et prêchée par les fédéralistes.

Les attentats commis en cette circonstance ont raffermi l'opinion monarchique, et jusqu'aux partisans de la prolongation de l'intérim poussent aujourd'hui de toutes leurs forces à une solution immédiate. L'élection si attendue ne peut plus tarder.

Qui sera élu? Nous voyons bien de quel côté les regards se tournent, et nous croirions pouvoir nommer dès aujourd'hui le futur roi d'Espagne. Nous savons combien de répugnances, combien de préventions se sont fondues comme cire au feu de cette odieuse révolte, qui vient de remettre en question tous les principes sociaux.

Mais nous ne pouvons rien avancer : la mission que nous nous sommes donnée n'était point de présenter et de défendre un candidat, mais de justifier la Révolution et de répondre aux attaques injustes dont elle a été l'objet.

Cette mission, nous croyons l'avoir accomplie autant que nous le permettait le peu d'étendue de cet exposé.

Notre tâche est donc achevée. En finissant, nous voyons avec bonheur se lever enfin, pour la Péninsule, l'aurore de la vraie liberté, compagne de l'ordre. Il ne nous reste qu'à répéter, au sujet de l'Espagne, la phrase qui servit de devise à l'émancipation de l'autre péninsule latine : *La Espana dara de si.*

Octobre 1869.

FIN

Paris. — Imprimerie Kugelmann, 13, rue du Helder.